국제 중국어 교사 자격

国际汉语教师资格标准条例 · 韩国篇

국제 중국어 교사 자격 国际汉语教师资格标准条例 · 韩国篇

초판 1쇄 발행 · 2018년 3월 10일

지은이 · 신경숙(申京淑)
삽화 · 박수로(zimicut@naver.com)

펴낸이 · 이진옥
펴낸곳 · 도서출판 삼인행
주소 · 서울시 영등포구 경인로82길 3-4 센터플러스 616호
전화 · 02-2164-3016
팩스 · 02-2164-3022
등록 · 2017년 4월 1일 제2017-000049호
홈페이지 · www.saminhaeng.com

ISBN · 979-11-961173-6-8 (13720)

ⓒ 신경숙, 2018

제작 · 명진C&P(02-2164-3000)

이 도서의 국립중앙도서관 출판예정도서목록(CIP)은 서지정보유통지원시스템 홈페이지(http://seoji.nl.go.kr)와 국가자료공동목록시스템(http://www.nl.go.kr/kolisnet)에서 이용하실 수 있습니다. (CIP제어번호 : CIP2018006277)

제대로
알아보는

국제 중국어 교사 자격

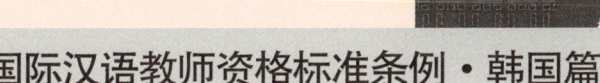

国际汉语教师资格标准条例·韩国篇

신경숙 지음

도서
출판 삼인행

　　近年来，随着中国经济实力的日益加强，国际地位的提高，世界上许多国家都出现了学习汉语的热潮。随着汉语学习热潮的高涨，从数量上来说对汉语教师的需求与日俱增，从质量上来说对汉语教师的素质要求也越来越高。在中国国内对外汉语教学已经有50多年的历史了，从教材编写到课堂教学方面都积累了宝贵的经验，并培养出了众多优秀的对外汉语教学人才，为中国的对外汉语教学事业做出了巨大的贡献。

　　但是国外许多国家的汉语教学事业还处在不太成熟的阶段，没有统一的教学大纲，汉语教师队伍成员复杂，水平不一，更没有一个统一的鉴定标准，需求单位筛选教师时无据可循，聘用单位评价教师也没有依据，甚至存在"会说汉语就能教汉语"的错误认识。这些问题都引起了中国国家汉办的高度重视，开始意识到有必要出台国际性评价、测试、筛选汉语教师的资格标准，以健全聘用汉语教师的工作程序，提高汉语教师队伍的素质，进一步提高汉语教学的质量和水平。

　　我参照中国国家汉办制定的《国际汉语教师资格标准》，提出了制定国别化《国际汉语教师资格标准条例》的设想。每个国家学习汉语的环境不同，需求不同，对汉语教师资格标准的要求也不尽相同。特别是近年来与中国一衣带水的韩国已经成为学习汉语人数最多，赴华留学生人数最多的国家。目前韩国学习汉语的总人数达到一百五十多万人，每年参加汉语水平考试的人数就有十万多人，在中国学习的韩国留学生也有六万多人。

随着韩国对汉语的需求不断增加，汉语教师队伍也不断壮大。在韩国，汉语教师已经成为教育战线上不可忽视的一支队伍。他们分布在大学、高中、中学、小学、幼儿园、补习班、公司、机关、街道等各个部门从事传播汉语的工作。由于韩国汉语教学阵营庞大，学习人员众多，水平要求不断提高，需要针对韩国的具体情况和特点，结合韩国汉语市场的需求现状，制定汉语教师资格的统一标准，为汉语教师的能力评价和资格认证提供依据，建立一套完善、科学、规范的汉语教师认证标准体系，由专门机构发放能够证明汉语教学水平的认证书，以加强这一队伍的管理；应由专门的培训机构培训合格的专业汉语教师，满足韩国日益增长的汉语学习需求，促进韩国汉语教师提高专业素质和教学水平，进而推动韩国汉语教学的规范化，提高整个韩国的汉语教学水平。

韩国汉语教师资格证书应能够证明证书持有者已经具备了在韩国从事汉语教学的专业知识和教学实践能力。这本《国际汉语教师资格标准条例·韩国篇》以韩国为特定的教育环境，阐述了韩国汉语教学的现状与特点、说明了教师应具备的职业素质和教学能力、汉语教师应了解的汉语和韩国语的基础知识，包括汉语语音、文字、词汇、语法、修辞等基础知识和韩国语的语音文字、词汇、语法等基础知识；规定了汉语教师应了解的中韩文化的基本知识，包括中国和韩国的社会概况与现状、中韩两国人不同的观念、生活习惯、风俗、禁忌等；

规定了汉语教师应掌握的第二语言习得理论基础知识以及针对韩国人容易出现的偏误进行的教学法等汉语教学法的基本知识。

《国际汉语教师资格标准条例·韩国篇》是测试评估韩国汉语教师资格的依据，是选拔韩国汉语教师的准绳，是韩国汉语教师培训工作的指南。我在制定这些标准时考虑到了对外汉语教学的特点、韩国汉语教学和教师队伍的现状，力求符合实际、符合现状、有针对性、有规范性。

本书撰稿和出版过程中，得到在首尔大学安英姬，钱兢，焦彭琰，刘伟，吴锦顺，张佳颖，朱纪霞，朴信顺，廉竹钧等在韩国各个大学在职中国人教授和人民日报海外版刘曼军副总编辑，首尔大学中文系研究生李华的诸多帮助，在此一并表示诚挚感谢。

历时五年完成的《国际汉语教师资格标准条例·韩国篇》，希望能够为各教学单位评价、测试、筛选汉语教师提供一个客观的资格鉴定标准，也希望它能为韩国汉语教学的规范化发挥一定的作用。

著者, 申京淑

　최근 중국은 경제력이 날로 강대해짐에 따라 국제적인 지위가 향상되고 그와 함께 세계적으로 많은 국가에서 중국어를 배우려는 열기가 고조되고 있다. 중국어 학습의 열기가 고조됨에 따라 중국어를 배우려는 사람들이 많아지고, 중국어 교사에 대한 수요도 증가되었으며, 중국어 교사들의 자질에 대한 요구도 날로 높아지고 있다. 중국 국내에서 국제 중국어 교육은 이미 50여 년의 역사를 가지고 있다. 교재 편찬에서부터 교실 교육에 이르기까지 귀중한 경험을 축적하고, 우수한 국제 중국어 교육 인재를 다수 육성하면서 중국의 국제 중국어 교육 사업은 괄목할 만한 성과를 이룩해 왔다.

　그러나 해외의 많은 국가들에서 중국어 교육 사업은 아직 성숙되지 못했을 뿐만 아니라 통일된 교육 기준도 없다. 중국어를 가르치는 교사의 구성원도 복잡하고 수준도 다르며, 교사에 대한 통일된 평가 기준도 없다. 해당 부문에 교사를 선발하려 해도 기준이 없어 선발에 어려움을 겪고 있으며, 채용 기관이 교사를 평가하는 데 따라야 할 기준도 없는 상황이다. 심지어 중국어를 말할 수 있으면 중국어를 가르칠 수 있다는 잘못된 인식이 존재하고 있다. 마치 한국어를 하는 연변 조선족 사람에게 한국어를 가르치라는 것과 같은 것이다. 중국 교육부 국가 한빤(汉办)에서는 이러한 문제를 매우 중시하고 중국어 교사에 대한 국제적인 평가, 시험, 중국어 교사 선발 기준을 제정하여, 중국어 교사의 소질을 향상시키고 중국어 교육의 질과 수준을 향상시켜야 할 필요성을 인식하게 되었다.

이와 관련해 저자는 중국 교육부 국가 한빤(汉办) 판공실이 제정한『국제 중국어 교사 자격 표준』을 참조하고 국가별『국제 중국어 교사 자격 표준 조례』를 만들 것을 중국 교육부에 제안하였다. 각 국가마다 중국어를 배우는 환경과 수요가 달라서 국제 중국어 교사 자격 표준과 요구 사항도 동일하지가 않다. 특히 중국과 인접국인 한국은 최근 중국어를 배우는 사람이 매우 많고 중국으로 유학을 가는 학생 수도 상당하다. 현재 한국에서 중국어를 배우는 사람 수는 150만여 명을 넘어섰으며, 해마다 '중국어수준평가고시(HSK 시험) * '에 응시하는 인원 수가 10만여 명에 이르고, 중국에서 공부하는 한국 유학생 수도 6만여 명이 넘는다.

한국에서 중국어에 대한 수요가 부단히 증가됨에 따라 중국어 교사에 대한 수요도 지속적으로 증가하고 있다. 한국에서 중국어 교사는 이미 교육 분야에서 소홀히 할 수 없는 존재가 되었다. 그들은 대학교, 고등학교, 중학교, 초등학교, 유치원, 학원, 회사, 각종 기관, 주민센터 등 각 분야에서 중국어 보급에 종사하고 있다. 한국에서 중국어 교육 종사자가 늘어나고 학습자들도 많아지면서 중국어 수준의 객관적 판단 기준에 대한 요구도 부단히 높아지고 있다. 이에 따라 한국 내 중국어 시장의 수요 현황과 한국의 구체적인 상황을 고려하여 국제 중국어 교사 자격의 통일된 기준을 제정해야 할 필요성이 제기되는 것이다.

그러므로 국제 중국어 교사 능력 평가와 자격 인증을 위한 근거를 제공

---

* 〈HSK 시험〉은 '한어수평고시'를 뜻하는것으로, 중국어가 제1 언어가 아닌 사람의 중국어 능력을 평가하기 위한 국제 중국어 능력 표준화 고시를 말한다.
⇨ 참조 : 한어(汉语), 중국에서는 중국어를 한어(汉语, 발음은 '한위')라고 한다.

하고 과학적이고 표준화된 완벽한 '국제 중국어 교사 인증 표준 체계'를 수립하여 전문적인 기관이 국제 중국어 교육 수준을 증명할 수 있는 인증서를 발급하고, 관련 교육 단체와 개인에 대한 관리를 강화하도록 해야 한다. 또한 한국에서 날로 증가하는 중국어 학습의 수요에 부응할 수 있도록 전문적인 연수 기관이 국제 중국어 교사들을 대상으로 연수를 실시하여 한국 내 중국어 교사의 전문적인 소질과 교육의 수준을 향상시켜야 한다. 이처럼 한국 내에서 중국어 교육의 표준화가 이루어짐으로써 한국 내 모든 중국어 교육의 수준이 향상될 수가 있는 것이다.

한국에서의 국제 중국어 교사 자격 증서는 마땅히 증서를 소지한 자가 한국에서 중국어 교육에 종사할 수 있는 전문적인 지식과 강의 실천 능력을 구비했다는 것을 증명할 수 있어야 한다. 『제대로 알아보는 **국제 중국어 교사 자격**』은 한국의 특수한 교육 환경을 고려하여 편찬하였으며, 한국에서의 중국어학의 현황과 특징을 명확히 서술하여 교사가 마땅히 갖추어야 할 소질과 교육 능력 등을 제시하였다. 중국어 교사는 중국어와 한국어의 기초 지식에 정통해야 하며 중국어 병음, 문자, 단어, 어법, 수식 등 기초 지식과 한국어의 문자, 어휘, 어법 등의 기초 지식에도 정통해야 한다. 그리고 국제 중국어 교사는 마땅히 한중 문화의 기본 지식을 이해해야 하며 중국과 한국의 사회 상황과 현황, 한중 양국민의 사고 차이, 생활 습관, 풍속 습관, 금기 등도 알아야 한다. 『제대로 알아보는 **국제 중국어 교사 자격**』은 또한 국제 중국어 교사가 마땅히 알아야 할 제2언어 습득의 이론과 기초 지식, 한국인들이 중국어 학습에서 쉽게 범할 수 있는 오류 등 중국어 교육법의 기초 지식 기준 등도 제시하였다.

이처럼『제대로 알아보는 **국제 중국어 교사 자격**』은 한국에서의 국제 중국어 교사 자격을 측정 평가하는 근거이고, 한국에서 중국어 교사를 선발하는 기준이며, 한국 내 중국어 교사 연수의 지침서이다. 저자는 한국과 중국에서 다년간 강의하면서 이러한 표준을 제정할 때 국제 중국어 교육의 특징과 한국에서의 중국어 교육과 교사 현황을 고려하고 가능한 한 현실에 부합되는 내용을 중심으로 구성하였으며, 세세한 맞춤법과 어법에도 부합되도록 고려하였다.

　5년이라는 집필과 감수 기간을 거쳐 드디어 독자들과 만나게 되었다. 이 책이 출판될 수 있도록 아낌없는 지원과 협조를 해 주시고 현재 한국의 각 대학교에서 중국어를 강의하고 있는 서울대학교 안영희, 전긍, 초팽염, 유위, 오금순, 장가영, 주기하, 박신순, 염죽균을 비롯한 중국인 교수들과 중국 인민일보 해외판 류만쥔 부사장님, 서울대학교 중어중문학과 이화대학원생에게도 다시 한 번 깊은 감사를 드린다.

　『제대로 알아보는 **국제 중국어 교사 자격**』은 상술한 바와 같이 한국에서 오랜 기간 중국어 교육에 재직 중인 각 대학교 교수님들의 귀중한 경험과 한국 교육 환경의 특수성을 고려하여 준비하였다. 모쪼록 이 표준 조례가 각 교육기관의 중국어 평가, 시험, 교사 선발을 위한 하나의 객관적인 자격 검정 표준으로 제공될 수 있기를 기대한다. 또한 이 표준 조례가 한국에서 중국어 교육의 표준화를 위한 초석이 되기를 희망한다.

신경숙

国际汉语教师资格标准条例·韩国篇

国际汉语教师资格标准条例·韩国篇

한국어

汉语

제대로 알아보는 국제 중국어 교사 자격

汉语

国际汉语教师资格标准条例·韩国篇

Chapter

01

对外汉语教师综合素质

第一节

韩国汉语教学环境的概况及特点

　　近年来，随着中国经济实力的日益增强，国际地位的提高，对世界的影响力越来越大，许多国家都出现了学习汉语的热潮。中韩两国建交二十五年以来，两国留学生交流不断发展，目前在韩中国留学人 员已发展为八万多人的庞大群体，在华的韩国留学人员也达到了六点 三万人之多，互为最大的留学生来源国。这是中韩关系不断发展的 必然结果。随着中韩双边人文交流和经贸往来的日益密切，韩国目前 学习汉语的总人口达到150万人，每年参加汉语水平考试的人数为10万多名。汉语教学和留学生交流已成为中韩人民友好交往的重要桥梁和纽带，在促进中韩人文交流中、发挥着不可替代的作用。因此尽快制订国际汉语教师资格的统一标准，针对各个国家的具体情况和特点，结合当地对汉语的市场需求现状，加强对汉语教师的培训工作，才能让汉语真正走向世界。不仅是在中国还是韩国，目前汉语教学中还存在许多需要解决和有待改进的部分，其中汉语教师资格缺乏严格、统一的标准，在国外各种学校和补习机构，对汉语教师的任用随意性比较大，缺乏选拔的标准，科学的上岗培训汉等都是急待解决的重要问题。

目前在韩国的各大学、孔子学院和各地的中文补习学校中开设的汉语教育课程名目繁多。根据调查统计发现，所有汉语课程当中，内容为会话、听力类的数量最多。首先，可见当前韩国学生汉语学习需求的重点是听和说，具体汉语教科目名称也是针对听说教学而设计编排的，例如商务汉语、时事汉语、旅行实用汉语、初级听力、高级听力、初级会话、高级会话等。其次，和HSK有关的汉语课程也很受韩国汉语学习者的关注。因为近年来，学习汉语的消费导向和升学、就业息息相关，学习者为了提高自己考大学、找工作时的竞争力，需求还是倾向于能提供'汉语水平资格证书'的HSK考试。另外，在许多幼儿园和小学的放学后课外教学中都开设了儿童趣味汉语班，儿童汉语的需求之大也非常令人瞩目。

其实，不论教授哪个方面的课程，都有不同的教学方法和技巧。例如，会话和听力课的主题和内容不能脱离韩国学生的生活实践，只有教学的内容贴近韩国学生的生活，才更容易被接受和了解。在讲授HSK课程时，不能只呆板地遵循"题目+解题"的形式实行语法项目的题海战术，这样虽然有助于学习者通过考试，但是对学习者实际汉语能力的提高帮助有限。在幼儿园和小学进行汉语教学时，应该充分考虑到学生的兴趣，贴近他们的思想、习惯和生活，同时又能从中韩语言的特点、中韩文化的差异等内容出发，通过趣味性的课程编排提高对儿童的吸引力，总之要考虑适合这个年龄段学生的教学方法和技巧。

对韩国汉语教学环境的概况及特点进行分析之后，我们发现了一系列和国际汉语教师资格标准有关的问题。虽然韩国的汉语教育起步比较早，参与汉语教学的人员比其他国家也多得多，但是多年以来形成了'只要是中国人、只要会说汉语，就都能教汉语'的传统观念。虽然汉语学习在韩国十分普遍，但是大部分教育机构在汉语教师资格方面重视不够，师资的养成和培训零散、间断，呈现出没有统一的资格标准，没有形成规范教育体系的现象。

对外汉语教学作为一个科学的理论体系，要求从事对外汉语教学的教师结合所在国的文化和国情，根据当地学生的特点，运用科学的对外汉语教学理论作为指导，进行切实有效的课堂教学。有针对性地国别式教学显得尤为重要，在韩国从事汉语教学的教师，不仅要了解国际汉语教学工作的任务、特点、规律和方法，还要熟悉、了解韩国汉语教学环境，探索、总结韩国学生学习汉语的难点。

目前面临的问题是，许多正在从事汉语教学的老师没有接受过专门的国际汉语培训，有很多都是放弃了自己本来的所学的专业而改行从事国际汉语教育事业的。所以他们在课堂授课时透着不专业性，给学生的HSK语法讲解中甚至出现错误。这些或多或少地都会影响到学生们汉语学习的热情和效果。因此从这种意义上来说，国家汉办和有经验的汉语教育工作者都应该加强国际汉语教师资格方面的研究和开发，韩国社会办学的汉语教师队伍的培训应该被重视起来。

第二节

教师应具备的职业素质

对外汉语教学是一门学科，也是一项科学性、知识性、艺术性很强的工作。从事对外汉语教学的教师要针对特殊的教学对象实施教学，因此这一职业也被赋予特殊的责任和使命，教师所具备的职业素质直接关系到这门学科的深入与发展。随着世界各国学习汉语人数的增加，对对外汉语教师的职业素质要求也越来越高，因此教师应在以下三个方面提高个人素质，从而确保对外汉语教师的形象和对外汉语教学的质量。

1. 思想品德素质

教师的职业道德是教师在教学实践中所应遵循的道德规范。教师应该在热爱教育事业的前提下，针对特殊的受教育群体，以身作则，为人师表，以真挚的感情对待学生，以正确的思想、高度的热情和严谨的态度进行教学。

对外汉语教师是传播中华民族优秀的语言与文化的使者，从事的是通过汉语这个桥梁加强与世界各国友好往来的工作，责任重大。

因而，对外汉语教师应具备高尚的道德品质，热爱自己的工作，甘为人梯，乐于奉献；应对工作高度负责，认真备课上课，认真批改作业，认真辅导学生，公平公正地对待学生；能够用自己的真诚和努力感染学生，在潜移默化中影响学生，树立美好的教师形象。

2. 教育态度和心理

要想成为一名优秀的对外汉语教师，首先必须对对外汉语教育工作真正感兴趣。只有对汉语教学有兴趣，并能从中感受到快乐的老师才有可能培养出对汉语有兴趣的学生。只有激发学生学习汉语的兴趣，才能取得理想的教学效果。只有热爱这一职业，才会不断学习相关知识，不断钻研教学方法，提高自身素质，提高教学质量。

教师应具备良好的心理素质，虚心学习别人的教学经验，经常反思自己的教学实践和教学效果，主动分析研究课堂教学并据此改进教学；教师应在各种场合的交际中显示出责任感、合作精神和策略性；教师应具备控制、把握自己情绪以应对教学过程中突发事件的能力，在任何教学场合中都能体现良好的职业道德素养。

在教学过程中，教师应给学生以待人的亲切感、教学的热情、工作的责任心，给学生树立一个亲切、可敬的形象，让学生愿意亲近老师，既做学生的良师，又做学生的益友。

教师应了解学生汉语的实际水平、兴趣和需要，并据此来决定教学任务，采取最佳的教学方法和手段，预测教学中可能出现的问题以及可能达到的教学效果。教师应重视学生的反应，体谅学生的苦衷，理解学生，包容学生，设法让知识本身吸引学生，调动学生的积极性，并根据学生的参与和反聩信息及时调整教学活动以达到最佳效果。

教师应具备一定的教育心理学知识。应了解并掌握学生的特点、学习动机、心理活动、学习方法、学习心理结构与模式，根据对象灵活安排课堂教学，因材施教。教师应具备测量与评定学生学习效果的心理分析能力。

教师应了解韩国学生学习汉语的目的与难点，不断研究新的、有效的教学方法，有针对性地进行教学。教师应了解韩国人的思维方式和风俗习惯，并反映在课堂教学中。教师应了解韩国学生对待课堂活动的心理与态度，调动学生参与课堂教学的积极性，引导学生配合教师的指导，共同提高课堂教学效果。

3. 文化修养和文学素养

在韩国，大多数学生学习汉语的目的是学习汉语听、说、读、写、译的语言能力。语言是文化的载体，学习语言的过程也是学习文化的过程。作为一名对外汉语教师，在教授汉语的过程中还要传播中国的文化。

因此，汉语教师除了掌握专业知识以外，还要掌握相关的文化知识，要能够给学生介绍中国的历史、地理、名胜古迹、社会现状、民俗风情、当前的经济发展状况和国家的主要方针政策等等。此外还要了解世界历史，世界地理，国际政治，国际经济等方面的基本知识，要了解韩国的风土人情，社会习俗，文化禁忌等等。

文学作品是运用语言的精华，也是学习语言最好的教材，中高级学生将在课堂教学中接触中国优秀的文学作品。因此，作为一名对外汉语教师，应具备一定的文学知识和文学修养，应了解中国古代、现代和当代文学的发展脉络，了解各个时期有代表性的作家和作品，还要了解不同文体、不同作家、不同作品的语言风格与特征，并将这些知识反映在教学中。

此外，在韩国从事对外汉语教学的教师对韩国的文学也应有一定程度的了解，不仅了解韩国文学的概况，还要能够阅读一、两篇具有代表性的作品。

教师如能在音乐、舞蹈、戏剧、绘画、书法、体育等方面有一定的兴趣和艺术才能，能将自己的才艺应用到教学中的话，将会更有利于汉语教学工作的开展。

第三节

教师应具备的教学能力

作为一名对外汉语教师，当然必须具有良好的思想道德品质，具有热爱教师这一职业的敬业精神，还应当具有扎实的专业知识，并能够把自己拥有的广博知识深入浅出地悉心传授给学生，也就是说，教师的基本功 —— 应具备教学能力。

所谓的教学能力，可以包括以下几个方面：

1. 明确对外汉语教学的目的

对外汉语教师首先要明确对外汉语教学的目的。教学目的是为了帮助学生掌握汉语基础知识和运用汉语进行听、说、读、写的基本技能，从而使学生达到运用汉语进行交际的能力。对外汉语教师不仅要提高学生学习汉语的学习兴趣，还要引导学生通过学习汉语而进一步了解中国文化、中国历史和中国社会。

2. 了解课程设置和每一课程的功能以及各课程之间的关系

对外汉语教师的教学能力还反映在是否了解课程设置和每一课程的功能以及各课程之间的关系上。教师应能够根据课程设置对教学内容和方法等作出适当的选择，能够根据特定课程的功能来确定教学的具体目标，安排教学步骤，并按照各课程之间的关系和不同功能细化处理教学内容。对外汉语教师应能够制定各课程的教学大纲，设计各课程的细部教案。

3. 具备听、说、读、写、译的教学能力

作为一名在韩国任教的对外汉语教师，不仅自己要熟练掌握汉语和一定程度上掌握韩国语两个语种的听、说、读、写、译各方面的知识，而且要具备培养学生听、说、读、写、译的教学能力。

在听的方面，教师应该能够指导学生区分汉语语言中出现的语音、语调的变化，训练学生通过听力练习理解句子的含义，了解语篇大意，捕捉语篇中的重要信息，培养学生通过听力明确作者的思想和写作目的。

在说的方面，教师不仅自己要具备能用熟练、标准的汉语组织课堂教学的能力，还应该能够指导学生按照字、词、句、语段的顺序，循序渐进地说出连贯的话语，并能够复述通过听读所获悉的资料。在

学生水平允许的情况下，教师还应具备指导学生进行口头作文和情景对话的能力。

在读的方面，教师应该能够指导学生理解词义，理解句子的语法关系、理解各种句式的语义、理解作者的思想感情。阅读语篇时，教师应能够指导学生通过上下文的关系判断事件的来龙去脉、原因结果、逻辑关系，培养学生概括大意和确定中心内容的能力；训练学生掌握阅读技巧，最终达到提高阅读的理解能力，提高阅读的速度这两个目的。

在写的方面，教师应该培养学生措词造句能力，即如何运用正确、恰当的词语写出表达特定意义并合乎语法的句子。学生在写作句子以上单位的语段与语篇时，教师应能够指导学生使用简单的修辞手段，正确使用标点符号，合理安排语段顺序，构成具有开头、主体和结尾的、具有整体性的文章。

在译的方面，教师应能够指导和培养学生翻译词、短语、句子的能力。教师应有能力指导学生将汉语的文本准确地译成韩国语，同时，又能将韩国语的文本准确地译成汉语。译成汉语的句子应该合乎汉语的口语或书面表达习惯，要合理安排时间、空间、逻辑推理等语段顺序，要符合汉语连接句子与语段的方法。

4. 识别并选择教材的能力

1992年中韩建交25年以来，两国的交流与合作的领域众多，韩国学习汉语的热情高，人数多，对汉语教材的需求也迫切。随着对外汉语教学事业的迅猛发展，中国和韩国都开发了大量的教材，数量和种类繁多，质量上良莠不齐。教材是实现教学目的、培养汉语人才必备的客观材料。对外汉语教师必须独具慧眼，具有选择教材的能力。只有选择了对韩国学生针对性强、趣味性和实用性兼备、难度和编排符合学生汉语水平的教材，才能培养出高水平的汉语人才。所以选择合适的教材也是对外汉语教师应具备的教学能力之一。

5. 安排课堂教学步骤及评估成绩的能力

课堂教学一般分为以下几个基本环节：组织教学 — 复习检查 — 新课生词处理 — 新课语法点处理 — 课文处理 — 小结 — 布置作业及预习任务，教师应该合理地安排课堂教学步骤，环节清晰，突出当天课堂学习的重点。合理的测试和评估成绩是语言教学的一个重要组成部分，它反映学生掌握教学内容的情况，也可以对教师改进教学方法、提高教学质量起到积极的作用。教师应该掌握测试学生水平的手段，应具有客观公正、准确无误地评估成绩的能力。

6. 指导、训练和纠正学生偏误的能力

　　教师应该熟知并利用对比分析和偏误分析理论，预先了解学生可能产生的偏误及其来源，在教学过程中掌握主动。从指导的角度来说，从一开始就应提供正确的示范，让学生正确地模仿、记忆和运用；从训练的角度来说，应该由易到难，由浅入深，利用活泼多样的练习形式反复训练，耐心地帮助学生克服偏误；从纠正学生偏误的角度来说，要有正确的态度，充分考虑到学生的心理因素，采取不同的纠正方式，启发学生自己发现并改正错误。

7. 能够把握教师的课堂角色

　　对外汉语课堂教学的成功与否和如何把握教师的课堂角色，如何进行课堂组织管理有着重要的关系。对外汉语教学大部分课程都是实践性非常强的课程，教学应该以学生训练为主，教师指导为辅，把握好自己的课堂角色。在课堂上教师应该创造生动活泼的课堂气氛，排除学生的畏难情绪，最大限度地发挥出学生的主动性和积极性。教师应该合理安排授课时间和进度，灵活变换自己站在教室里的位置，不呆板，不枯燥，保证教学内容生动有趣，难度适宜，使学生能够始终集中注意力。

Chapter

02

汉语基本知识

国际汉语教师资格标准条例·韩国篇

第一节

教师应掌握汉语语音知识

　　语言知识是语言交际能力的重要组成部分，也是对外汉语教学的主要内容。语音是语言的物质外壳，也是各个语言系统最外在的形式特征。语音教学是对外汉语教学的基础，也是培养学生听说读写技能和交际能力的前提。汉语教师首先应该能说一口标准的普通话，使用正确的语音和语调，吐字清晰，发音正确，能够给学生以示范和榜样，营造一个良好的语言环境，并具有辨音和正音的能力。其次，在语音教学中，教师能在掌握汉语语音基础知识的前提下，准确运用描写汉语语音系统的概念、术语，将汉语语音知识传授给学习者。在对外汉语教学中，教师应掌握的语音知识如下：

1. 语音的基本概念

　　对外汉语教师应掌握音素、音节、音位、音标、元音、辅音、声调、语调、音变等术语，了解其概念，并熟练地应用于教学中。

　　音素是最小的语音单位，是从音色的角度划分出来的。音素分为辅音和元音，即子音和母音两大类。 教师应了解不同的发音部位和发音方法能够发出不同的辅音，而不同的舌位和唇形能够发出不同的元音。教师应熟练掌握并区分每个辅音 的发音部位和发音方法，不同元音的舌位和唇形。

音位是从区别意义的角度划分出来的最小语音单位。一个音位包含多个音素。 汉语普通话的21个声母和单韵母都是一个个的音位，各个音位中都包含若干个音素。比如，音位/a/包含音素[a]、[A]、[ɑ]、[ε]等。

普通话中的21个声母都由辅音充当，而39个韵母主要由元音组成。

音节是由音素构成的在听觉上最容易分辨出来的语音片段，是语音结构的基本单位。按照汉语传统的分析方法，声母和韵母按照一定的方式组合起来， 再加上声调，就是一个音节。汉字是表意文字，仅从字形上很难认读，因此有为汉字注音的必要

1956年2月中国文字改革委员会拟定出《汉语拼音方案(草案)》，采用国际上流行的拉丁字母作为给汉字注音的工具。汉语教师要熟悉《汉语拼音方案》中的字母表、声母表、韵母表、声调符号和隔音符号这些内容，并应熟练发出每一个 声母、韵母、声调的正确发音，熟练应用"方案"的各项拼写规则。

汉语教师还应熟悉应用国际音标听音、记音，应熟练掌握舌面元音图和五度制标调法。

2. 声母

汉语音节是由声母、韵母、声调构成的，声母是汉语音节开头部分的辅音。普通话共有21个声母，它们是b、p、m、f、d、t、n、l、g、k、h、j、q、x、zh、ch、sh、r、z、c、s。普通话中还有少量的音节没有声母，用拼音字母y或w表示部分零声母音节。

根据发音部位的不同，普通话的声母可分为七类：双唇音、唇齿音、舌尖前音、舌尖中音、舌尖后音、舌面前音 和舌面后音 。发音方法可以从三个方面来观察：1）根据阻碍的方式可分为五类：塞音、擦音、塞擦音、鼻音、和边音；2）根据声带是否颤动可分为：清音和浊音两类；3）根据气流的强弱可分为送气音和不送气音两类。

汉语教师应熟练区分不同声母的发音部位和发音方法，并应用于语音教学以指导学生学习正确的发音和纠正语音偏误。

3. 韵母

韵母是指汉语音节中声母后面的部分。普通话有39个韵母，可分为单韵母、复韵母和鼻韵母三类。

单韵母由单元音充当，普通话共有10个单韵母： a、o、e、ê、i、u、ü、-i（前）、-i（后）、er。教师应掌握这些单韵母的正确发音、掌握其舌位和唇形并能够在舌面元音图上准确地标出各自的位置。

复韵母是由复元音构成的韵母。复元音指的是发音时舌位、唇形都有变化的元音。普通话共有13个复韵母，可分为前响复韵母ai、ei、ao、ou，后响复韵母ia、ie、ua、uo、üe和中响复韵母iao、iou、uai、uei。教师应掌握每一个复韵母的正确发音和舌位、唇形的变化以指导并纠正学生的发音，特别是韩国学生发前响复韵母时会出现的偏误。

鼻韵母是由元音和鼻辅音韵尾构成的韵母。普通话共有16个鼻韵母，其中an、ian、uan、üan 、en、in、uen、ün共8个以[-n]结尾，ang、iang、uang、eng、ing、ueng、ong、iong共8个以[-ng]结尾。

教师应掌握每一个鼻韵母的正确发音和舌位、唇形的变化以指导并纠正学生的发音。

"四呼"是汉语传统的韵母分类方法，根据韵母开头元音的唇形分为开口呼、齐齿呼、合口呼、撮口呼四类，教师应了解并熟练掌握这一知识。

4.声调

汉语音节有声调，这是汉语不同于韩国语的最明显的特点。汉语教师应熟悉声调知识，掌握正确的发音，并掌握指导别人正确发音的方法与要领，纠正声调偏误的技能。

声调是音节中具有区别意义作用的音高变化。汉语属于声调语言，每一个音节都有高低、升降、曲直、长短的变化，而这种变化具有区分意义的作用。声调不同，意义不同。

普通话有四种调类：阴平（第一声 调值：55）、阳平（第二声调值：35）、上声(第三声 调值：214）、去声（第四声 调值：51）。教师要掌握每种声调的调型和调值，并能够熟练掌握声调的"五度标记法"。要能够在教学中示范发音并点明各类声调发音的特点，便于学生模仿，迅速掌握正确的发音方法。

教师要了解并掌握语流中的变调现象，要能够解释变调原因，明确指出变调的正确发音。

5.轻声和儿化

教师应了解汉语"轻声"音变现象，了解"轻声"的调值和区别意义、区分词性的作用。熟悉必读轻声的词语和语境，掌握轻声音节的色彩以及在说话或朗读中对表现语感的影响。

教师应了解汉语"儿化"音变现象，掌握儿化音节的发音特征与要领，了解儿化区别词义、区分词性和表示感情色彩的作用，熟悉必读儿化的词语和语境。

对外汉语教师应在熟记上述语音基础知识之上，针对韩国人的语音学习难点进行汉语语音教学，传授系统的语音知识，在注重语音教学的实用性、交际性与趣味性的同时，展开大量的、多样的实际操练，提高学生发音的正确度和熟练度。

教师应掌握汉语词汇知识

　　词汇教学是汉语教学的基础，贯穿于汉语教学的全过程。作为汉语教师必须熟悉词的构成和各种构词方式，了解词义及词的义项，要能够准确地辨析同义词和反义词，熟练掌握基本词汇、一般词汇、常用词汇，正确使用口语词汇和书面语词汇，区分标准语词汇和方言词汇，熟知大量的成语、惯用语及歇后语等熟语，帮助学生正确而迅速地掌握词汇知识。

1. 教师应了解词义的构成和义项

(1) 词义的构成

　　词义有理性义与附属义的区别。理性义是词所指的特定概念，附属义是词所表现出的形象色彩、感情色彩和语体色彩。教师不但要理解词的理性义，还要理解词的附属义。应具备区分"褒义词"、"贬义词"和"中性词"的能力，应具备正确选择使用符合语境的各类词语，辨别词语细微的差异以及在表现语感时的作用的能力；应有能力指导学生正确使用各种词语，纠正使用词语中出现的各种偏误。

(2) 汉语词汇的构成

汉语教师要了解什么是基本词汇、一般词汇、常用词汇、固有词、派生词、古语词（包括历史词语与文言词语）、新词、口语词汇、书面语词汇、标准语词汇（普通话词汇）、方言词汇、外来语词汇（包括音译词和意译词）等，应能够解释词义，掌握特征与用法，辨别使用中出现的词语搭配、选词不当等偏误并能够给予正确地纠正。

(3) 词的义项

义项是词的理性意义的分项说明，词有单义词与多义词之分。教师要正确理解多义词的各个义项，要熟悉词的本义、基本义、引申义、比喻义等知识。教师应具备辨析同义词、近义词、反义词、同音词的能力，应能够正确说明同义词、近义词、反义词、同音词的特征、差异和功能。应能够指导学生正确使用这些词语。

2. 教师应掌握大量的熟语

熟语具有丰富的内容与精炼的形式，它概括了人们的认识成果。学习汉语熟语既能提高汉语的表现力，又能了解中国文化和中国人。

汉语教师应掌握大量的成语、惯用语和歇后语，并在应用过程中提高自身及学生的素养，从而提高教学质量。

　　成语是具有书面语色彩的固定短语，言简意赅，使用得当可以使语言简练，增强表达效果。但在应用中教师必须弄清成语的字面意义和实际意义，以及成语确定的字形和字音，以免写错、读错、用错。惯用语口语色彩浓厚，简明生动，通俗易懂，教学中适当使用惯用语能够提高学生的学习兴趣。歇后语具有谜面、谜底的性质，在教学中恰当运用歇后语，可使语言生动活泼，能给学生留下深刻的印象，以激发学生学习汉语的兴趣。

第三节

教师应掌握汉语语法知识

语法教学是汉语教学的重中之重。在以成年人为对象的汉语教学中语法是每一阶段，每一课时都必须要学习的内容。所以要求教师必须全面而系统地了解汉语的语法体系、语法手段、语法规则，熟悉基本的语法点，熟练地掌握各类词的基本用法及变异用法，正确识别各种句型、句类和句子成分，并将其应用于教学中。

语法包括词法和句法两大部分。词法方面要了解词的构成和词类，句法方面要掌握句子的结构规律及类型。

1. 教师应了解词的构成和构词方式

词由最小的音义结合体语素构成，是能够独立运用的最小的语言单位。词能够单独成句，能够单独做句子成分或单独表示语法意义。

词由语素构成，语素有实语素（词根）与虚语素（词缀）之分。教师要具备正确区分实语素和虚语素以及分析词的构成成分的能力。教师要具备区分单纯词和合成词的能力，要了解双音节词的构成方式。合成词主要通过复合式、附加式、重叠式三种方式构成，其中复合式是最主要的构词方式。复合式由词根复合而成，复合类型有并列型、偏正型、补充型、动宾型、主谓型等。附加式由词根和词缀构成，重叠式包括完全重叠式和不完全重叠式两种。教师了解词的构成方式，有利指导学生理解词义和掌握词的功能，帮助学生记忆生词。

(1) 教师应了解汉语词的分类及其功能

汉语的词可分为实词和虚词两大类，实词包括名词、动词、形容词、数词、量词、代词、副词、区别词、状态词共9小类，虚词包括介词、连词、助词、语气词等4小类。另外还有两类特殊的词，即拟声词和叹词。实词具有词汇意义和语法意义，可以独立作句子成分，而虚词只具有语法意义，表示词语在句子中的各种语法关系。

体词和谓词也是词语分类的另一种方法。教师应熟悉汉语各类词的语法特征和语法功能，应了解汉语词语的同音异义现象和功能兼类现象，能够正确识别、分析并纠正 各类词在使用中出现的偏误。

(2) 教师应了解汉语短语的构成与分类

短语是句法分析的基本单位，其构成方式是句法结构的基础，掌握短语的基础知识是学习掌握句法知识的关键。因此，教师必须熟练掌握短语的构成方式、短语类型和短语的特征。

短语可分为名词性短语、动词性短语、形容词性短语、副词性短语、介词短语、四字词语等。教师应了解各类短语的语法特征和语法功能，并能够进行正确的解释和说明。

从短语的构成方式可分为并列结构、偏正结构、述宾结构、述补结构、连动结构、兼语结构、主谓结构、附加结构、重叠结构、数量结构、同位结构以及多重结构等类型。教师应了解并正确说明每个短语的构成方式，能够分析构成层次。

(3) 教师应了解汉语句子的构成与分类

1) 句子的分类

句子是具有特定句调、能够表达一个相对完整的意思的语言单位。汉语的句子由词或短语构成。句子从句子成份上可分为主谓句和非主谓句，从结构上可分为单句和复句，从语气上可分为陈述句、疑问句、祈使句、感叹句等类型。

主谓句还可以根据谓语性质分为名词性谓语句、动词性谓语句、形容词性谓语句、主谓谓语句。非主谓句也可以根据其所构成的词或短语的性质，分为名词性、动词性、形容词性、叹词性非主谓句。

教师应熟悉汉语各种句型的结构、特征、功能，应随时可以造出各种类型的句子。

2) 句子成分

句子成分就是构成句子的各个成分，是按照词或短语在句子内部的组合位置和语义关系来决定的，可分为主语、谓语、宾语、定语、状语和补语共六个成分。

教师应能够找出句子的各个成分并能够分析句子构成成分的层次，能够说明句法成分的结构关系和语义关系。

教师应熟悉不同句子成份的类型、排列顺序和语法特征、能够充当不同句子成份的词类、修饰成分与中心词的关系、修饰成分的位置、标志、功能等。

第四节

教师应掌握汉语文字知识

　　汉字是汉语的书写工具，学习汉语必须学习掌握汉字。但是汉字难认、难记、难写，又有繁体、简体之别，是学生的一大心理障碍，也确实是学习的负担。如果教师掌握了汉字本身的规律，形象、生动地进行教学，掌握好的汉字教学方法，不但可以减轻学生的难度，而且可以增加教学的趣味性，提高学生的学习兴趣。

1. 教师应了解汉字的历史与演变

　　汉字已有3300多年的历史，是世界上最古老的文字之一。汉字字形经历了甲骨文、金文、篆书、隶书、楷书几个大的演变阶段，其中隶书是正式的字体。经过"隶变"，汉字由繁趋简，字形象形程度逐渐降低，字数、笔画都在不断地规范，不断地简化。

　　1956年1月中国公布了《汉字简化方案》，1964年又公布了《汉字简化字总表》。

　　通过简化偏旁、同音代替、草书楷化、换用简单的符号、保留特征或轮廓、构成新的形声字或会意字共六种方法进行简化，使简化字总数为2234个。

简体字是中华人民共和国现代中文的法定标准写法，是与繁体字相对而言的。也就是说，中国大陆现行汉字为简化字，不使用繁体字。汉语教师必须了解这一原则，不但在教学中使用简化字，还要积极、正确地传授简化字。教师必须具备汉字的造字法、构成笔画、书写笔顺、演变概况、规范用字等方面的知识，并运用于教学中。

2. 教师应了解汉字的造字方法

汉字是表意兼表音的语素文字。汉字是音义结合体，即一个汉字是一个音节，一般是一个表义单位。汉字可说是见其形知其义。

汉字包括形、音、义三个要素，即书写形式、读音、标示的意义。汉字的造字方法有如下：象形、指事、会意、形声、转注、假借六种。掌握了汉字的造字法，教师就可以自如地分析汉字的结构，有趣地解释汉字的字义，帮助学生更好地记忆新字。在教师的指导下，学生可以根据汉字字形学习独体汉字和合体汉字的字义，根据形声字的声符可以类推汉字的读音，根据形声字的义符可以类推汉字的字义。这种举一反三的教学方法利用得好，可以加深学生对汉字的印象，增加学习汉字的信心，甚至可以提高学生学习汉字的兴趣。

3. 教师要了解汉字的笔画和笔顺以及间架结构

书写汉字有一定的规则，掌握了汉字的笔画可以提高记忆，类推记忆、掌握了汉字的笔顺和间架结构可以写出漂亮的汉字来。教师应熟悉汉字的笔画、笔顺、间架结构等知识。

汉字的笔画包括横、竖、点、捺、撇、折等六种基本笔形以及、横折、横撇、横勾等25种派生笔形。这些笔画按照"分离关系"、"相接关系"、"相交关系"三种组合方式构成汉字字形。

书写汉字的笔顺遵守六条基本规则和八条补充规则。六条基本规则包括"先横后竖、先撇后捺、从上到下、从左到右、从外到里、从外后里再封口"等，八条补充规则包括"先横后撇、先中间后两边、点在上方或左上角、点在右上角或下方或在里面、上左下包围结构、上右包围结构、左下右包围结构、左下包围结构等。

汉字的字形是方形，一个汉字的各个组成部分要组成一个方形，这就要讲究字形的间架结构讲究笔画搭配、排列、组合成字的形式和规律。汉字的间架结构包独体字结构和合体字结构。合体字结构有左右结构、左中右结构、上下结构、上中下结构、包围结构等五种形式。包围结构又有两面包围结构、三面包围结构、四面包围结构和特殊结构。

教师掌握汉字的笔画、笔顺、间架结构这些知识，对于学生正确认读汉字、正确书写汉字、写出工整且漂亮的汉字有着十分重要的关系。特别是在学生刚刚接触汉字，开始学习写汉字的阶段，教师的正确引导和适宜的教学方法是关键，对学生掌握汉字的学习规律，培养良好的书写习惯具有举足轻重的意义。

第五节

教师应掌握汉语修辞知识

　　修辞是修饰文字词句，即在使用语言的过程中运用各种表现方式使语言表达得准确、鲜明而生动并且具有感染力，也就是为加强表达效果对语言进行选择、加工、调整的一种活动。修辞包括词语的筛选、句式的调整以及修辞格的选用。修辞要遵循适切的原则、审美的原则和比较的原则。教师要适当了解汉语修辞知识并运用于教学，帮助学生学习汉语的表现手法，提高汉语口语和书面表达能力；体验汉语语感和汉语的音乐美，提高鉴赏汉语优秀文章和文学作品的能力，进而提高自身素质的修养。

1. 教师要掌握词语选用知识

　　词语是语言的建筑材料，也是语言表达的基础。要想把语言表达得准确、简明、连贯、得体，不仅要积累丰富的词汇，而且要善于正确地选用词语。说话或写文章时选择使用什么样的词语是表达是否正确或恰当的关键，不但要准确了解词语的含义，还要体会词语的感情色彩和语体色彩，并且要考虑词语音节的搭配，这会提高话语或文章的准确度和表现力。

不论是说话还是写文章，教师都必须确切地了解自己说话或写文章当中使用的每个词语的含义，要具备分辨那些意义相近又有细微差别的同义词、近义词的能力，才能正确指导学生明确词义，分辨差别，体察语感和各种不同的色彩，从而在使用词语中做到最佳选择。

(1) 体会词语的感情以及语体色彩考虑词语音节的搭配

对词语的选择，不仅要准确地了解词语的含义，还要注意词语的色彩，包括感情色彩和语体色彩。恰当的选用带有感情色彩的词语，可以把自己对事物的立场、态度表达得鲜明、强烈。如果不注意这一点，选用了不适合的词语，就不能恰当地表达自己的思想感情，甚至会引起误解。

语体色彩是指词语适用于不同语体的风格色彩，是词义中所反映的词的语体倾向、特征、烙印。语体色彩可分为口语语体色彩和书面语体色彩两大类，书面语体色彩可再分为文艺语体色彩、科技语体色彩、政论语体色彩、公文语体色彩等。口头语言用词通俗易懂，生动活泼；书面语言用词庄重典雅，讲究分寸。有些专用词语只适用于某一类文体。如果不注意词语的语体色彩，用得不合适，会使人感到很不协调。

教授这些知识才能培养学生掌握汉语语感，使学生能够分别交际场合使用汉语词语，能够说出恰当而得体的汉语。

(2) 考虑词语音节的搭配

选用词语不仅要把握它的意义，注意词语色彩，还要考虑词语的音节搭配，发挥汉语的声韵之美，节奏之美，使人听起来和谐悦耳，读起来琅琅上口。

在一个句子内部，要注意词语音节的匀称。双音节词里，一般是单音节与单音节配合；四音节词里，一般是双音节与双音节配合；这样可以使音节正气对称，增强语音的节奏感。 一般情况下双音节词与单音节词配合，就会出现失衡，缺乏节奏感，听起来不和谐，读起来不上口。

教师要明确汉语与其他语言相比较节奏感特别强，具有浓厚的音乐美氛围，具有强烈的感染力。无论在课堂教学还是在课外知交流过程中，教师都要注意表现汉语的音乐美，释放出汉语的感染力以吸引学生学习汉语的兴趣，激发学习汉语的热情。

2. 教师要掌握选择句式的知识

说话或写文章中还要注意选择适合各种语境的句式，包括长句和短句、整句和散句、松句和紧句、口语句式和书面语句式等。

长句，指的是形体长、用词多、结构复杂的句子。这种句式可以把相关联的事物连缀起来，其修辞效果主要是表意周密严谨、精确细致、气势畅达。

短句，指的是形体短，用词少、结构简单的句子。其修辞效果主要在于表意简洁明快、犀利有力。

整句是指一对或一串结构相同或相似的句子。其修辞效果是声音和谐，气势贯通，意义鲜明，令人印象深刻。

散句，句子结构形式不同，长短不一，没有刻意安排相同词语。散句结构自由，形式多样，音节参差错落，其修辞效果是活泼多变，避免语句的单调，呆板。

口语句式比较简短，结构简单，句式灵活，富有变化。其修辞作用主要是简洁、活泼、自然。

书面语句式句形比较长，结构比较复杂，大多有扩展成分和从属句群，层次多，常用关联词语，表意显得严谨、完整。其修辞作用主要是严谨、周密、文雅。

松句是组织结构疏松舒缓的句子，紧句是组织结构紧凑严密的句子。紧句容量大、组织严密、表意紧凑；松句则有助于从容不迫地叙事说理或描绘事物的情状。

3. 教师要掌握各种修辞格知识

教师要适当了解对偶、排比、比喻、比拟、借代、拈连、夸张、双关、反语、 层递、顶真、回环、映衬、反复、设问、反问等常见的汉语修辞格，特别是要熟练掌握 "对比"、"对偶"、"排比"
等修辞格。

　　汉语修辞以整齐、对称为主，以参差错落为辅。 汉语的语素以
单音节为主，词以单音节和双音节为主，而汉语又是非形态语言，没
有词形变化的约束，因此，语言单位组合灵便，容易组成字数相同、
结构平行、音节押韵的语句，使汉语能够具备整齐押韵的语言结构，
能够富于显著的修辞效果

　　汉语好的演说辞或好的文章中排比句和对偶句比较多，这是因为
在选用词语、排列组合过程中考虑了词与词的音节配合，注意了语言
的匀称美。可见排比句和对偶句是使汉语具备修辞效果的首选句式。

　　对偶句有上下句之分，要求上下句字数相等、意思相近或相反、
对应位置的字眼词性相对、结构相同、平仄相对、不重复用字等。排
比句则要求并列排在一起的每个分句意义相关或相近、结构相同或相
似、节奏相同、语气相同，读起来具有诗韵美。

　　反复也是增加汉语音乐美的修辞手段，它具有突出思想，强调感
情，分清层次，加强节奏感的修辞效果。能够表现强烈深挚的思想感
情，起到强调主题、增强旋律美的作用。

　　教师具备了这些修辞知识，就能够使自己的课堂语言提高表现
力，生动、有感染力，就能自然而然地表现出汉语的修辞效果，流露
出汉语的音乐美，从而吸引学生的注意力，感染学生，引发学生对汉
语的学习兴趣，培养汉语的语感，也能够指导学生学习和感受汉语的
修辞效果。

Chapter

03

韩国语基本知识

国际汉语教师资格标准条例·韩国篇

第一节

教师应了解韩国语的语音文字知识

　　韩国语是韩国学生的母语，韩国语的发音、词汇及语法不可避免地会对韩国学生的汉语学习造成影响，出现各种正负迁移现象。因此，作为以韩国学生为教学对象的汉语教师，应该了解韩国语的语音、文字、词汇、语法等各方面的基本知识，以便于正确判断韩国学生因母语干扰而出现的各种偏误，　并予以有针对性的指导和纠正，做到有的放矢。

　　韩国文字称为"한글"，是一种表音文字。韩文是在朝鲜（1392~1910）第四代国王世宗（1418~1450年在位）倡导并主持下，由集贤殿学士等学者创制的。当时的名称叫"训民正音"，于1446年（世宗28年）正式颁布施行。

　　目前使用的韩文共有40个字母，既是音符，也是文字。其中母音（元音）21个，子音（辅音）19个。

　　母音包括ㅏ ㅓ ㅗ ㅜ ㅐ ㅔ ㅚ ㅟ ㅡ ㅣ等10个单母音和11个复合母音：ㅑ ㅕ ㅛ ㅠ ㅒ ㅖ ㅘ ㅝ ㅢ ㅙ ㅞ。单母音即是单元音，发音时舌位、唇形不变；复合母音即是复合元音，发音时舌位、唇形发生变化。

19个子音按发音部位可分为双唇音、舌面前音、舌面后音、舌根音五种；按照发音方法可分为塞音、擦音、塞擦音、鼻音、流音(闪音)五种；按照声带是否振动可分为清音和浊音，按照发音部位的松紧可分为硬音和软音，按照气流强弱可分为送气音和不送气音。

韩国语的音节一般由初声（首音）、中声（中间音）、终声（尾音，也叫收音或韵尾。）三个部分拼读而成。初声由子音充当，中声由母音充当，终声由子音充当。 韩文有16个单韵尾（ㄱ ㄴ ㄷ ㄹ ㅁ ㅂ ㅅ ㅇ ㅈ ㅊ ㅋ ㅌ ㅍ ㅎ ㄲ ㅆ）和11个双韵尾（ㄳ ㄵ ㄶ ㄺ ㄻ ㄼ ㄽ ㄾ ㄿ ㅀ ㅄ），而读音却只有七个。

韩国语音节类型可分为母音自成的音节、母音+子音、子音+母音、子音+母音+子音四种类型。韩国语音节没有声调。

韩国语的音变现象包括连音音变、母音同化、送气化、紧音化、腭化、尾音脱落等类型。

汉语教师了解韩国语的语音体系，了解韩国文字的构成和书写方式，会帮助教师分析学生偏误的原因，会使教学有针对性，从而提高教学效果。

第二节

教师应掌握韩国语词汇知识

韩国语词汇具有基本词汇历史悠久、词义稳定、一般词汇构成成分复杂、常用词汇吸收新词快等特点。韩国语词汇敬语体系发达，拟声拟态词发达，表示感觉方面的词语发达，表示语法关系的助词、词尾很发达。韩国语中存在大量的汉字词，也有四字结构的成语，这部分词语与汉语容易发生混淆，教师应在教学中引起注意。

教师应了解韩国语词汇的体系。韩国语词汇体系一般被看做"三重体系"，即包括固有词、汉字词、外来语。固有词是指从古代起一直沿用的纯韩国语词汇，它是韩国语词汇的基础。汉字词是韩国语词汇体系中除固有词之外另一大重要词汇组成部分，它是以汉字为基础创造的词语，韩国语词汇体系中有60%以上是汉字词。外来语是指从英语等西方语言中吸收的音译词。固有词多用于日常用语，汉字词多用于书面语，外来语则多用于专有名称或专业术语。

韩国语的汉字词与汉语的词语之间存在着同形同义、同形异义、异形异义三种关系。1）"同形同义"指形态与意义相同或相近的这部分词。大量的名词、动词、形容词、数量词属于这一类。比如，"学校"、"图书馆"等。2）"同形异义"指形态相同，意义不同的这部分词。比如，"汽车"在韩国语里是"火车"的意思、"功夫"在韩国语里是"学习"的意思等。3）"异形异义"指形态与意义都不同的这部分词。比如，"绍介"、"感气"、"看护士"、"同生"等。

韩国语的固有词和汉字词之间存在着一对多的对译关系，即一个固有词与多个汉字词相对应。比如，下面的多个汉字词用固有词说都是"고치다"：

(건물을)修理하다、(옷을)修繕하다、(병을)治療하다、(잘못을)矯正하다、(정책이나 진로를)修正하다、(세법을)改正하다、(제도를)改革하다、(기록을)更正하다、(구조를)改造하다、(낡은 건축물을)改修하다等。

汉字词是韩国学生最容易混淆的部分，它给韩国学生学习汉语既带来了方便，也造成了干扰。因此，教师要对韩国语词汇有所了解，特别是要具备汉字词的构成、特点以及各种类型方面的知识，以便于在教学中利用对比的方法明确解释词义和语境的相同点和不同点，帮助学生正确理解词的义项和使用语境，及时解除障碍。

韩国语词汇有标准语和方言的差别，标准语使用首尔话，方言有庆尚道方言、全罗道方言、济州道方言等。

韩国有丰富的成语，其中大部分以中国的成语故事为背景，如"刻舟求剑"、"愚公移山"等。韩国语的成语除了四字结构外，还有不少两个音节或三个音节的成语。另外，韩国的故事成语中还有一部分起源于韩国的故事，如"咸兴差使"等。

　　教师在传授汉语成语时要注意与韩国语成语的辨别。

第三节

教师应掌握韩国语语法知识

在韩国从事对外汉语教学的教师不仅应该了解韩国语的语音文字知识、词汇知识，而且对韩国语的语法知识也应有一定程度的了解。因为掌握了韩国语的基本语法知识知道两种语言的语法有何不同，给韩国人讲汉语语法时才能更有针对性。

从具体内容来说，教师首先要了解韩国语词语的构成和词类。

韩国语词语的构成大致有单一词和复合词这两类。单一词是指不可进行分割的单一构成词，复合词与之相反，是指多种成分结合而成的词语。复合词又可以分为派生词和合成词。派生词是词汇形态素后添加词缀构成的词，合成词是指作为词根的词汇形态素互相结合组成的词语。韩国语词类体系由体言、用言、修饰语、独立语、关系语构成。体言指名词、代词、数词，主要充当主语、宾语、补语。用言指表示动作的动词和表示事物样态的形容词，主要充当谓语。修饰语指冠词和副词，冠词主要修饰体言，副词主要修饰用言、冠词或其他副词。独立语是指与句内其他成分无关、独立发挥作用的叹词。关系语是指在句子中决定体言和用言关系的助词。其中包括主格助词：이/가，께서，에서；宾格助词：을/를；补格助词：이；副词格助词：에，으로，와，

께；述格助词：이다；定格助词：의；和呼格助词：야。

其次，教师还要掌握韩国语的句法和句子的构成。

韩国语的句子成分包括必要成分和附属成分。主语、谓语、宾语、补语是必要成分，定语、状语、独立语是附属成分。韩国语的句子也分单句和复句，复句包括接续句和内包句，其中接续句又分为对等接续句和从属接续句。这与汉语的句子成分和构成大同小异。

此外，教师应该掌握韩国语和汉语相比较时语法方面的主要不同点。

1. 韩国语属于阿尔泰语系, 阿尔泰语系语言区别于其他语言的一个重要特征就是粘着性。粘着语类型的语言是靠粘着在词干后面的大量、丰富的词尾的变化来表达语意的，例如：가다可以表现为"갑니다"，"갑시다"，"가십시오"，"가요"等，因此在韩国语里助词是很重要的。而汉语则属于汉藏语系，是孤立语类型，所以汉语的词没有词尾变法，主要依靠词序来表示句子中各个词之间的关系，即每个词在句中的地位和语法功能。而韩国语则依靠词尾来表示每个词在句中的地位和语法功能。

2. 韩国语的语法结构是主宾谓（SOV）结构，不同于汉语的主谓宾（SVO）。也就是说汉语的词序一般是宾语在谓语的后边，而韩国语则是宾语在前，谓语在句子的最后。即：主语——宾语——

谓语。因此初级学生容易受到母语的影响造出语序偏误的句子，教师了解了韩国语的语序有助于指导并纠正学生。

3. 韩国语拥有比较发达的敬语体系，韩国语敬语的要素主要包括尊敬句尾(시/으시)，接词尾（-님），主格助词（-께서），与格助词（-께），词汇（主要包括名词、动词、形容词、量词、副词）。韩国语在口语中根据说话者和听话者之间的辈分、上下级、年龄、性别关系，表现出严格的礼节关系。不掌握韩国语的阶称关系就会造成失礼，产生不良影响。教师在指导韩国学生时必须注意这一和汉语的不同点。

4. 汉语有时是通过一些介词来表示各个词之间的语法关系的，这时介词是加在词的前边的，但韩国语则用词尾来表示各个词之间的语法关系，而词尾都必须加在词的后边。韩国语主要用词尾变化来表现说话者对听话者所表明的意图、方式。每一种式的词尾，叫做"形"，词尾分别有"陈述形"、"疑问形"、"命令形"、"共动形"四种方式。

总之，对韩国语语法知识的了解和掌握，对韩国语和汉语语法知识异同的比较，有助于教师分析、研究韩国人由母语负迁移引起的汉语语法偏误，便于教师把握汉语语法教学的难点和重点，揭示语法错误的根本原因，使教师及时纠正语法错误并提高汉语课堂教学的效果。

Chapter

04

中韩文化基本知识

国际汉语教师资格标准条例·韩国篇

第一节

教师应了解中国文化的概况

要做一个合格的汉语教师，必须具备丰富的中国文化知识。要了解中国的地理位置、自然环境、社会现状、政治体制、行政区划、中国标志、经济改革、教育概况、人口民族、宗教信仰、传统节日与风俗、饮食服饰、婚丧礼俗、文学艺术等。并结合教学随时介绍中国国情和文化，激发学生对中国文化的兴趣，做到既传播中国的语言，又传播中国的文化。

1. 教师应具备中国国情的基本知识

教师要了解中国国名的全称、建国年代、首都、国歌、国旗与国徽的构成及其各个组成成分所代表的象征意义，做到正确地向学生介绍。

教师要了解中国的行政区划，省级行政区包含23个省、4个直辖市、5个民族自治区、2个特别行政区。还要了解行3政区划的层级共分 为四级。第一级为省、自治区、直辖市，及在香港、澳门设立特

别行 政区；第二级为地区、盟、自治州、地级市；第三级为县、自治县旗、自治旗、县级市；第四级是乡、民族乡，镇、苏木、街道办事处。

教师要了解中国的人口与民族。中国是世界上人口最多的国家。2017年国家统计局公布的全国人口普查数据显示，全国总人口为1,382,710,000人，其中香港人口为7,389,500人，澳门人口为648,400人，台湾地区人口为23,556,169人。

中国是一个多民族国家，共有56个民族。其中汉族人口占91.5%，55个少数民族占8.5%，中国确立并实施了以民族平等、民族团结、民族区域自治和各民族共同繁荣为基本内容的民族政策。

教师要了解中国的政治体制 代表大会、国务院、军事委员会、最高人民法院和最高人民检察院。要知道全国人民代表大会是中国最高国家权力机关，国务院是最高国家行政机关。中国是社会主义制度的国家，中国共产党领导一切，实行人民民主专政，国家机构的组织原则是民族集中制。

2. 教师应具备中国传统文化的基本知识

中国传统文化是中华民族在中国古代社会形成和发展起来的比较稳定的文化形态，是中华民族智慧的结晶，是中华民族的历史遗产在现实生活中的展现。

教师应了解传统节日及各地习俗。中国的传统节日形式多样，内容丰富。流传至今的中国传统节日很多，其中，目前国家法定休假的有春节、清明节、端午节、中秋节这四个节日。

春节（农历正月初一）春节是农历的一岁之首，俗称"大年"，也叫"大年初一"。北方的习俗主要有守岁、放鞭炮、贴春联、拜年、吃饺子。而南方各地风俗则有些不同，南方人过年要做年糕、包粽子、煮汤圆、吃米饭等等。但是水饺形似"元宝"，年糕音似"年高"，祈求吉祥如意的愿望都是一样的。

清明节（公历四月五日前后）清明是中国最重要的祭祀节日，有扫墓的习俗。是一种祭祀死者的活动。扫墓时，人们要携带酒食果品、纸钱等物品到墓地，将食物供祭在亲人墓前，再将纸钱焚化，为坟墓培上新土，折几枝嫩绿的新枝插在坟上，然后叩头行礼祭拜，最后吃掉酒食回家。

端午节（农历五月初五）端午节有吃粽子、赛龙舟、悬钟馗像、挂艾叶菖蒲榕枝以僻邪驱瘴等习俗。

中秋节（农历八月十五）中秋节中国人有吃月饼的习俗。中秋晚上，人们准备各种月饼、瓜果和熟食品在庭院赏月。

韩国也有这些传统节日。教师应了解中韩两国不同的节日习俗，正确介绍有中国特色的节日活动和中国人对这些传统节日的观念。

3. 教师应了解中国各地的饮食服饰文化

　　由于中国幅员辽阔，地大物博，各地气候、物产、习俗都存在着差异，饮食上也形成了各种各样的风味。中国有"南米北面"的说法，口味上有"南甜北咸东酸西辣"之分，主要是巴蜀、齐鲁、淮扬、粤闽四大风味。中国的饮食文化除了讲究菜肴的色彩搭配要明媚如画外，还要搭配用餐的氛围产生的一种情趣，它是中华民族的个性与传统，更是中华民族传统礼仪的凸现方式。风味多样、四季有别、讲究美感、注重情趣、食医结合是中国饮食文化的主要特点。

　　此外，教师还要了解中国各地不同的婚丧观念和礼俗，要了解古今婚丧礼俗的变化。教师要了解中国历史上的重大事件和重要人物，熟知中国的文化遗产和重大发明，还要具备一定的文学修养，了解有名的诗人、作家、画家、发明家等。在教学中运用发挥自己的文化知识，丰富教学内容，提高教学质量。

　　对外汉语教师对中国各地、各民族的风土人情和生活习惯了解广泛，知识丰富，就能在教学中结合课文内容随时随地介绍中国文化，丰富教学内容，引发学生的兴趣，活跃课堂气氛，并指导学生提高了解中国，了解中国人，了解中国文化的深度与广度。

第二节

教师应了解韩国文化的概况

在韩国教学的汉语教师应了解韩国的历史与文化，了解韩国社会的特点、韩国人的观念及思维方式、韩国的风俗习惯、生活礼节、宗教信仰、禁忌；了解韩国的政治体制、经济状况、文学艺术等；了解中韩交流的历史与现状、了解韩国人对中国的认识、了解韩流与汉风；了解韩国的饮食服饰文化、休闲文化等。并将这些知识应用于语言教学实践中，拉近与韩国学生的距离，加深师生感情，从而提高教学质量。

1. 教师应了解韩国的国情

韩半岛经历了数千年的历史变迁，见证了无数次的改朝换代；半岛人在抵御外侵，保卫家园，建设新生活的过程中，经历了"6.25"韩战，并分裂为北部的朝鲜民主主义人民共和国和南部的大韩民国。韩国人不断为民族的统一而努力，同时也在高度警惕与北方发生冲突。

韩国全称"大韩民国"，地处亚洲大陆东北部的韩半岛。半岛自北向南延伸，东、西、南三面环海，北部与中国大陆和俄罗斯接壤，东部濒临日本海，与日本隔海相望。韩国国土面积为100,210平方公里。韩国国旗为太极旗，国歌为《爱国歌》，国徽是一朵盛开的木槿花，花朵中央有红蓝阴阳图案。

韩国的行区划如下：

一个特别市，一个特别自治市，六个广域市，八个道，一个特别自治道。

	全称	面积(平方公里)	*人口(人)	备注
特别市	首尔特别市	605.20	9,851,767	经济首都·25个区
特别自治市	世宗特别自治市	464.87	283,198	行政首都
广域市	釜山	769.89	3,467,055	15个区·1个郡
	仁川	1,062.60	2,950,771	8个区·2个郡
	大邱	883.57	2,474,309	7个区·1个郡
	大田	539.35	1,501,378	5个区
	光州	501.24	1,464,037	5个区
	蔚山	1,060.79	1,164,489	4个区·1个郡
道	京畿道	10,183.46	12,890,445	8个市7个郡
	江原道	16,875.03	1,548,078	7个市11个郡
	忠清北道	7,407.29	1,593,903	3个市8个郡
	忠清南道	8,226.14	2,117,685	8个市7个郡
	全罗北道	8,069.05	1,851,694	6个市8个郡
	全罗南道	12,318.79	1,893,444	5个市17个郡
	庆尚北道	19,031.42	2,688,747	10个市13个郡
	庆尚南道	10,539.56	3,379,981	8个市10个郡
特别自治道	济州道(济州岛)	1,849.15	658,167	2个市

*人口数据来自据韩国政府2018年统计

首尔特别市由25个区所组成。

首尔的二十五个区的名称分别详列如下：（以韩语次序排列）

韩语区名	汉字区名	韩语区名	汉字区名	韩语区名	汉字区名
강남구	江南区	도봉구	道峰区	양천구	阳川区
강동구	江东区	동대문구	东大门区	영등포구	永登浦区
강북구	江北区	동작구	铜雀区	용산구	龙山区
강서구	江西区	마포구	麻浦区	은평구	恩平区
관악구	冠岳区	서대문구	西大门区	종로구	钟路区
광진구	广津区	서초구	瑞草区	중구	中区
구로구	九老区	성동구	城东区	중랑구	中浪区
금천구	衿川区	성북구	城北区		
노원구	芦原区	송파구	松坡区		

韩国广域自治团体以下之二级行政区则称为"基础自治团体"。

全国基础自治团体有226个，全国自治市有75个，全国郡有82个，全国自治区有69个。

✳ 韩国的行区划：基础自治团体

韩国行政安全部2018年统计

广域自治团体名称	基础自治团体
首尔特别市	江南区·江东区·江北区·江西区·冠岳区·广津区·九老区·衿川区·芦原区·道峰区·东大门区·铜雀区·麻浦区·西大门区·瑞草区·城东区·城北区·松坡区·阳川区·永登浦区·龙山区·恩平区·钟路区·中区·中浪区 市政府驻地 中区
世宗特别自治市	市政府驻地 捍率洞

釜山广域市	北区·釜山镇区·东区·东莱区·江西区·金井区·海云台区·中区·南区·沙下区·沙上区·西区·水营区·影岛区·莲堤区·机张郡 市政府驻地 莲堤区
仁川广域市	富平区·桂阳区·东区·中区·南区·西区·南洞区·延寿区·江华郡·瓮津郡 市政府驻地 南洞区
大邱广域市	北区·东区·中区·南区·西区·达西区·寿城区·达城郡 市政府驻地 中区
大田广域市	中区·东区·大德区·西区·儒城区 市政府驻地 西区
光州广域市	北区·东区·南区·西区·光山区 市政府驻地 西区
蔚山广域市	北区·东区·中区·南区·蔚州郡 市政府驻地 南区
京畿道	安城市·安山市·安养市·抱川市·城南市·东豆川市·富川市·高阳市·光明市·广州市·果川市·河南市·华城市·加平郡·金浦市·九里市·军浦市·利川市·骊州市·涟川郡·龙仁市·南杨州市·平泽市·坡州市·始兴市·水原市·乌山市·杨平郡·杨州市·义王市·议政府市 道政府所在地 水原市·议政府市
江原道	春川市·东海市·高城郡·横城郡·洪川郡·华川郡·江陵市·旌善郡·麟蹄郡·宁越郡·平昌郡·三陟市·束草市·太白市·铁原郡·襄阳郡·杨口郡·原州市 道政府所在地 春川市
忠清北道	清州市·报恩郡·丹阳郡·堤川市·槐山郡·沃川郡·阴城郡·永同郡·曾坪郡·镇川郡·忠州市 道政府所在地 清州市
忠清南道	保宁市·扶余郡·公州市·洪城郡·鸡龙市·锦山郡·礼山郡·论山市·青阳郡·瑞山市·舒川郡·泰安郡·唐津市·天安市·牙山市 道政府所在地 洪城郡

全罗北道	长水郡·淳昌郡·扶安郡·高敞郡·金堤市·井邑市·茂朱郡·南原市·全州市·群山市·任实郡·完州郡·益山市·镇安郡 **道政府所在地** 全州市
全罗南道	宝城郡·长城郡·长兴郡·高兴郡·谷城郡·光阳市·海南郡·和顺郡·康津郡·丽水市·灵光郡·灵岩郡·罗州市·木浦市·求礼郡·顺天市·潭阳郡·莞岛郡·务安郡·咸平郡·新安郡·珍岛郡 **道政府所在地** 务安郡
庆尚北道	安东市·奉化郡·高灵郡·龟尾市·金泉市·军威郡·醴泉郡·浦项市·漆谷郡·清道郡·庆山市·青松郡·庆州市·荣州市·尚州市·蔚珍郡·闻庆市·星州郡·义城郡·盈德郡·英阳郡·永川市·郁陵郡 **道政府所在地** 安东市
庆尚南道	昌宁郡·昌原市·固城郡·河东郡·金海市·晋州市·居昌郡·巨济市·梁山市·密阳市·南海郡·陕川郡·山清郡·泗川市·统营市·咸安郡·咸阳郡·宜宁郡 **道政府所在地** 昌原市
济州特别自治道	济州市·西归浦市 **道政府所在地** 济州市

特别市，广域市，道 以下依次为：市，郡，区，邑，面，里，通，班。

韩国原本是单一民族国家，全国只有清一色的韩民族。但随着今年来韩国国际婚姻的增加，结婚移民的外国人也越来越多，由此组成的多文化家庭已不在少数。

根据韩国行政安全部2017年1月31日统计，韩国人口总数为51,779,148人。其中约五分之一的人口（9,851,767人）集中在首都

——首尔特别市。1948年8月大韩民国成立以来，经济飞速发展，从最落后的国家一跃而进入发达国家之列，曾经与台湾、香港、新加坡一起被称为亚洲"四小龙"。据韩国投资证券公司2012年12月30日的统计，当年韩国人均GDP（国内生产总值）为2.2705万美元。根据国际货币基金组织(IMF)发表的世界经济展望资料显示，2016年韩国人均GDP达2.7538万美元。到2030年韩国人均国内生产总值将有望赶超日本。

韩国是一个自由民主主义国家，实行多党合作执政。民主统合党和新国家党（原名大国家党）是韩国的两大政党，左右韩国政治。韩国的国家元首是大韩民国总统（大统领）。总统由韩国国民直接选举产生，任期为5年，且只能担任一届。韩国总统是韩国军队的最高统帅并拥有最高指挥权。国务总理由总统任命，并由韩国国会批准。韩国国会由300个议席组成，每届任期四年，其中的246个席位通过简单多数制选举产生，其余的54席通过比例代表制产生。

2. 教师应了解韩国的风俗习惯

韩国人的传统思想受中国儒教的影响很大，重礼节，重忠孝仁义很多中国传统文化在韩国得到保留和沿袭，因而，韩国的传统文化虽然与中国有不少差异，但也有很多相似之处。

(1) 传统节日

韩国的传统节日也有春节、清明节、端午节和中秋节，节日的观念和过节的风俗也差不多，当然也有一些形式上的差异。中国最大的传统节日是春节，而韩国最大的传统节日有两个：春节和中秋节。每逢春节和中秋节家家都要团圆，全国都会发生类似中国"春运"那样的人员大迁移。住在外地的子女回父母家，或者父母去子女家，共度佳节。

春节（农历正月初一）韩国也叫"旧正"，最重要的活动是祭祀祖先。正月初一早上，在正房摆上祖先的遗照，供上各种祭祀品，全家人穿着传统服装向祖先行礼感恩求福，然后一起吃年饭。韩国年饭中最有代表性的是粘糕汤。吃完年饭，孩子们向长辈拜年，长辈则要给孩子们压岁钱。

中秋节（农历八月十五）韩国称"秋夕"。韩国人过秋夕除了全家团聚之外更重要的是祭祖和扫墓。中秋节韩国人吃松糕 。

端午节(农历五月初五)韩国人按照传统风俗吃"艾子糕"，喝益仁汁，有的人家也有在门柱上贴朱砂符借以避邪的习惯。端午节这一天很多地方都会组织一些活动：摔跤、荡秋千、放风筝、投壶等等。

除了传统节日外，韩国还有"三·一节"、"制宪节"、"光复节"、"开天节"、"韩语节"等纪念日。

(2) 婚丧礼俗

韩国人结婚一般在结婚礼堂由主婚人主持进行。男人穿西装，女人穿婚纱，互换戒指，向双方父母以及宾客行礼，跟亲人、朋友拍照。然后再按照韩国传统婚礼习惯进行一些传统仪式。一般结婚仪式结束后，新婚夫妇会去外地旅行度蜜月。

韩国的葬礼深受儒家思想的影响，过去葬礼仪式复杂，持续时间长，动员人员多。

现在韩国人的葬礼一般在专门经营的葬礼馆举行，在室内设灵堂，客人们向死者鞠躬，献上一炷香或一枝白色菊花作别，然后慰问家属，在食堂用餐。死者的家人或亲属穿传统葬礼礼服接待客人。此外也有一些人按照宗教仪式进行葬礼。

(3) 饮食服饰文化

韩国人以米饭为主食，面食为辅食，一日三餐几乎都吃米饭，偶尔吃面条、冷面等。饺子、包子等面食品种不多，一般作副食，不做正餐。不少年轻人早餐吃面包，喝牛奶。韩国人一般身体不舒服时才吃粥。

传统的韩国菜以蔬菜为主，肉食较少，大部分甜辣不油腻。泡菜代表韩国人的菜肴，每餐必备。秋天韩国人做很多泡菜储存起来一直吃到春天，家家都有专门储存泡菜的冰柜。 韩国人喜欢喝汤，什么牛骨汤、鸡汤、鱼汤以及各种各样的大酱汤等。此外，具有韩国特色的饮食还有烤牛肉、烤五花肉、蔬菜拌饭等。韩国的小吃也丰富多样，有紫菜包饭、炒粘糕、米肠、包子、饺子、各种材料的煎饼等。

传统的韩服颜色鲜艳，款式典雅，非常漂亮。韩国人一般在婚礼、孩子周岁、花甲等吉庆典礼时才穿韩服，春节、中秋节也要有不少人穿韩服。

(4) 韩国人的观念

韩国将近一半的人有宗教信仰，韩国社会有各种各样的宗教团体和他们建立的学校、医院等福利设施。韩国除了佛教、基督教、天主教三大宗教以外，还有天道教、圆佛教、大倧教等传统宗教。

重视教育是韩国人的又一特点，其热衷程度令人惊讶。父母会尽自己所能为孩子创造接受各种教育的条件。韩国人觉得学校教育不够，放学后会让孩子去各种各样的补习班学习，培养孩子多方面的兴趣和技能，也是为加强孩子的竞争力。无论学生还是公司职员、无论正在工作的年轻人，还是已经退休的老年人、男女老少都在学习，学习新的知识和技能，提高自己的能力和素质，增强竞争力。

(5) 用餐饮酒习惯的差异

在韩国，人们吃饭使用的筷子的是钢制或银制的；在中国一般是竹制或木制。韩国人习惯筷子和勺子一起使用，所以每人面前都会摆上一双筷子和一把勺子。

韩国人吃饭时习惯席地盘腿而坐，所以很多传统餐馆里都没有椅子。这让初来韩国的外国人都很不习惯，吃一顿饭都会腰酸腿疼。不过随着年轻人越来越追求现代生活，设置桌椅的餐馆越来越多了。

在吃米饭的方式上有个明显的差异，就是在韩国人必须把饭碗放在桌子上；而在中国，人们都被从小教育要端起碗来吃饭。

如果一起喝酒的话，差异就比较多了。首先，在韩国不能自己给自己倒酒，要大家互相倒，一般的规则是下级为上级服务。其次，干杯时，下级和晚辈要侧身对着上级和长辈饮酒，以示尊敬。第三，韩国人普遍喝的是"烧酒"，度数不是很高，所以是不能续杯的，必须酒杯喝空以后才能再次倒酒。

韩国人还有一个习惯是用自己的酒杯给别人敬酒，表示热情，遇到这样的情况不要吃惊。

(6) 见面问候的礼仪差异

韩国人见面告别主要以鞠躬礼为主，握手礼较少使用，特别是异性之间不会握手。握手时也应注意，要用双手，或用左手托着右手，以示尊敬。另外在递交或接收物品是，也应使用双手或右手。用左手待人接物在韩国被认为是很不礼貌的。

另外在语言上韩语会分为尊敬语和平语，对上级和长辈必须使用尊敬语。如果我们学了一些韩语的话，说的时候要注意这方面问题。

(7) 送礼习惯的差异

韩国人很重视送礼，也很喜欢送礼物。不过没有我们中国那么多禁忌，大的小的，贵的便宜的，都可以送给朋友，雨伞和钟也都可以，韩国朋友都会表示感谢。

注意！只有两种东西不能送。第一是损害健康的东西。比如在中国，人们会把高档香烟作为礼物，这在韩国是绝对不行的。如果你送给韩国人香烟，他会觉得你是希望他快点儿死。所以，在韩国也没用互相敬烟的习惯。另外一个东西，是男女朋友之间不能送鞋，据说是担心对方会逃跑。除了香烟和鞋这两种东西，其他礼物都不会有什么问题。

(8) 颜色意义的差异

韩国人崇尚白色，认为白色是纯洁和平的象征。而韩国的葬礼颜色为黑色，所以白色在韩国不代表死亡这一含义。因此，在韩国人们赠送礼金时，会使用白色信封，这跟我使用"红包"不同。甚至很多地方门上的对联也使用白纸，我们见到时不要吃惊。

另外，韩国也没用"绿帽子"的说法，所以在韩国看到别人戴着绿色的帽子时，也不要大惊小怪。

3. 教师应了解中韩交流的历史与现状

中韩两国于1992年8月24日正式建交，开始各个领域的友好合作，至今已经25年多了。中韩两国是一衣带水的重要邻邦，两国地缘相近、人缘相亲、文缘相通，友好交往源远流长。建交以来，中韩高层交往频繁，政治互信增强。两国在经贸、文化、教育等各领域的交流与合作不断增多，双方人员交往人数多达数百万。

目前，中国已成为韩第一大贸易伙伴，而韩国也成了中国第三大外商直接投资来源国，两国经贸合作快速发展，双边贸易额连年攀升。双方在能源、环境等各个方面的合作项目不断增多。双方投资额都达到了历史最高纪录，在此背景下韩中两国2015年签署互惠互利的中韩自贸协定，中韩两国的经贸合作将持续发展。

中韩在文化、教育等领域的交流也出现了史无前例的盛况。双方在电影、音乐、书法、文学、艺术等方面的交流越来越频繁，在中国，许多年轻人热衷于韩国影视、音乐、韩式风格的服饰等流行娱乐文化；在韩国，中国的传统文化得到了很好的沿袭和保留、儒家思想对韩国文字、书法、国画的影响也极为深刻。随着两国交流的发展，两国文化的相互影响也越来越深刻。中韩两国已互为最大留学生生源国。两国都有几万名留学生在对方国家学习对方的语言和文化。许多韩国人在华学成后，会选择留在中国工作，他们在中国经商取得成功，或在中韩合资的企业中担任重要职位。而在韩国工作的中国留学生也不计其数。

教师应了解和关注中韩交流的发展，并应在自己的教学活动和师生交流中为促进两国的友好关系做出贡献。

Chapter
05

第二语言习得理论与教学方法

第一节

第二语言习得理论

对于学习汉语的韩国学生来说，汉语是他们的第二语言，因此教师应熟悉第二语言习得理论的主要研究领域、基本概念、基本理论等，并借以指导自己的教学实践。

1. 教师应了解第二语言习得的主要研究领域及各个领域的研究现状

第二语言习得是应用语言学的一个重要分支学科，主要研究人们学习第二语言的过程和结果，其目的是对语言学习者的语言能力和交际能力进行客观描述和科学解释。根据目前的共识，第二语言习得研究的理论框架主要分为以下四个研究领域：

(1) 第二语言学习者语言特征研究，包括偏误分析、习得顺序与发展过程研究、语言变异性研究、语言的语用特征研究；

(2) 学习者外部因素研究，包括社会环境研究、语言输入与互动的研究；

⑶ 学习者内部习得机制研究，包括母语迁移研究、认知过程研究、交际策略研究、语言普遍性研究；

⑷ 第二语言学习者研究，包括一般个体差异因素研究、学习者策略的研究。

鉴于韩国学生在整个汉语学习群体中占有很大的比重，这些年针对韩国学生习得汉语的研究也越来越多。就目前的研究来看，成果最多的是领域（1）中的偏误分析和领域（3）中的母语迁移研究，这两者有着紧密的关联。目前对韩国学生的主要学习难点，包括语音、词汇、语法的各个方面都有所涉及。本章第二、三、四节中，将分别对此进行具体介绍。领域（1）中的习得顺序与发展过程研究也已有不少成果，比如对副词"都"、形容词补语、汉语比较句、"把"字句等的习得过程的研究。而其它方面的研究则很少，有的甚至尚为空白。不难发现，这些尚未涉足的研究领域很多都需要其它学科的支撑，因此作为汉语教师，除了要了解语言学的相关研究之外，还应多多了解与第二语言习得有关的其他学科（如教育学、心理学、神经学、社会学、跨文化交际学等）的发展情况。

2. 教师应了解第二语言教学和第一语言教学、习得与学习的不同

目前，在韩国教授汉语的教师中，一部分原为国内从事语文教学

的工作者，他们很容易将原来的语文课教学模式照搬到汉语教学中。须知，第二语言教学不同于第一语言教学，其根本目的在于培养学习者的言语能力和运用目的语进行交际的能力。因而，教授韩国学生汉语应以培养交际技能为重点，而不应以传授知识为重点。

在多数人的印象中，成年人学习第二语言主要是通过有意识的学习。但是克拉申指出，成年人是通过习得和学习这两种不同的方式来发展其第二语言能力的。所谓习得，就是指使用语言进行自然交际，以便获得潜意识的语言知识，而学习则指在课堂教学环境中对语言规则进行有意识的学习。这两者的区别是认知心理学上隐性学习与显性学习的区分在二语习得领域的体现。部分学者认为这两者存在接口，是有区别又彼此协同的。因此，在教学中，教师不应习惯于灌输语言知识，而应充分利用语言环境，建立课堂学习与自然习得相结合的教学体系。特别是在韩国这样缺少汉语环境的情况下，教师应多组织有效的自然习得环境，比如建立"汉语角"、邀请中国留学生进行交流活动、利用电影网络等手段让学生感受中国气息等。

3. 教师应了解中介语理论，并以此为理论基础进行偏误分析、积极利用母语迁移

中介语是指第二语言学习者在学习过程中对目的语的规律进行了不正确的归纳和推论而产生的一个语言系统。该语言系统不同于学习

者的母语，也不同于学习者所学的目的语。而且它也不是固定不变的，会随着学习的进展，向目的语的正确形式逐渐靠拢。

中介语和目的语规律之间的差距，即为"偏误"，偏误是有规律可循的。它不同于"错误"。"错误"是没有正确使用已知语言系统而产生的，是没有规律的、偶发性的。因此，教师可以通过分析汉语和韩语的异同，预测出学生可能会出现的偏误，也可以通过对偏误的分析，解释其产生的原因。

中介语产生的原因来自多方面，包括：

⑴ 母语的负迁移；

⑵ 尚不完善的目的语知识的干扰；

⑶ 本族或他族文化因素的干扰；

⑷ 学习方式和态度的影响；

⑸ 教师或教材中的不正确解释。

其中，对韩国学生来说，韩语的语音、韩语中的汉字词、韩语主宾谓的语序都会带来负迁移。如果教师充分了解韩语对汉语学习产生的影响，并积极利用其正迁移的一面、减少来自负迁移的干扰，那么毫无疑问可以预防一批偏误的产生，帮助学生在最短的时间内建立起最接近汉语的中介语系统。

4. 教师应了解输入假设理论，并在此基础上对学生进行合理输入

克拉申1985年提出的输入假设理论包括五个相互连接的"假设"：

(1) 输入假设；

(2) 习得/学习假设；

(3) 监控假设；

(4) 自然顺序假设；

(5) 情感过滤假设。

其中（1）认为人类通过吸收可理解的输入信息来获取语言知识。输入的信息难度应为"i+1"，其中"i"代表学习者目前的语言水平，"i+1"是学习者下一步应达到的水平。（2）区别了习得与学习（详见2），克拉申认为通过学习获得的语言无法转换成习得语言。（3）认为通过学习获得的语言知识在头脑中起监控语言的作用。（4）认为对语言规则的习得有一个可以预测的共同顺序。（5）认为当学习者缺乏学习动力、身体或精神不佳时，会启动情感过滤，使语言信息无法被吸收。

在充分理解输入假设这一理论的基础上，教师在教学实践中，应有意识地选择难度适中的输入信息，分析并采用合理的输入顺序，在充分调动学生积极性的前提下帮助学生尽可能有效地吸收输入的信息。

5. 教师应了解影响第二语言学习的学习者因素以及学习策略在学习过程中的重要作用

任何一种教学活动都既有"教"的一面，又有"学"的一面，第二语言教学也不例外。在针对"学"的研究中，学习者因素研究是一个非常重要的方面。根据Ellis（1994）的观点，学习者因素包括以下领域：

⑴ 学习者对语言学习的看法；

⑵ 学习者的个体差异、学习者的情感状态，比如焦虑；

⑶ 一般个体差异因素：学习者的年龄、性别、语言学能、学习风格、学习动机、学习者的性格等。

教师应了解并参考学习者因素的相关研究，鼓励和指导学习者在二语学习中扬长避短，并能根据学习者的个体特点进行因材施教。

学习策略研究也是针对"学"的研究中非常重要的一个方面。学习策略是指学习者为了促进信息的获得、存储、提取和利用而进行的操作。对它的研究，主要包括学习策略的分类、影响策略选择的因素、学习策略和语言学习结果之间的关系、训练学习者使用学习策略等几个方面。

学习策略的分类据Oxford（1990），可整理如下：

	记忆策略：用来记忆和复习新信息
直接策略 （直接处理语言学习的策略）	认知策略：用来理解和产生语言
	补偿策略：使学习者在新语言知识有限的情况下能够运用新语言
间接策略 （对学习进行管理的策略）	元认知策略：用来协调学习活动和认知加工过程
	情感策略：用来管理、规范情绪
	社交策略：管理与别人的合作学习

在此分类系统基础之上，Oxford编制了一个学习策略问卷- 语言学习策略量表(SILL) ，并已成为比较流行的测量语言学习策略的标准化量表。江新、赵果(2011) 又在此基础上，建构了汉字学习策略量表，并对"汉字圈"国家的学生和"非汉字圈" 国家的学生在学习汉字时所采取的学习策略进行了比较分析。

影响策略选择的因素主要有学习者个人因素和社会因素两大类，前者如前面提到的学习者因素，后者如课程设计因素和教师因素等。

学习策略和语言学习结果之间存在着互为影响的关系：一方面，学习者采用的学习策略会影响其学习第二语言的速度和成绩，另一方面，学习者的学习结果又反过来影响其策略行为。

训练学习者使用学习策略，指教师有意识地向学生传授学习策略，并训练他们使用某些策略以提高学习效果。

教师应了解各类学习策略以及影响策略选择的各类因素，能运用相关理论，分析学生成功的或者失败的学习策略，并在教学实践中有意识地训练学生选择有效的学习策略，帮助他们改进自己的学习方法。

第二节

教学方法与技巧

为了能将知识系统、高效地传达给学生，并且有效组织学生进行练习，汉语教师必须熟悉并掌握对外汉语教学方法及教学技巧。语言教学的全过程由四大环节构成，分别为总体设计、教材编写或选择、课堂教学和成绩测试，每个环节都涉及不同的教学法。现分述如下。

总体设计是指在进入具体的教学活动之前，通过全面的分析考虑，选择并确定最佳教学方案的过程，设计的结果以文件的形式体现出来就是教案。汉语教师应该能够独立完成教案的设计及撰写。一般来说，一份标准的对外汉语教学教案包括教学对象、教学目标、教学内容、教学重点与难点、教学环节等部分，教案中应体现教师对课堂的整体把握。

教材的编写或选择，在很大程度上影响着整个一门课的走向与效果，教师应该能够从教材的编写理念、语法点的编排顺序、课文语言以及课后练习等方面对一本教材进行客观全面的分析，并根据学生的学习目的、学习能力及现有水平等各项情况进行综合判断和选择。

课堂教学是整个教学活动的核心，不同的课型、不同的教学内容、不同的学生、不同的老师都会有不同的课堂教学法，可谓"教学有法而无定法"。各位教师应该从学生的水平和情况出发，结合自身特点，在教学方法和技巧方面不断钻研，以便能将教学内容以更生动活泼的方式传授给学生，让学生在听懂、练会的同时，对汉语乃至中国产生浓厚的兴趣。

成绩测试是整个教学活动的最后一个环节，但却在整个教学活动中起着重要的推动作用。在韩国，特别是大学中，学生对成绩非常重视，因此，如果在韩国从事汉语教学的教师们能运用好测试这一环节，能够有效地调动学生的学习积极性，成为汉语学习的推动力。因此，测试不能只考虑考察学生的学习态度和学习效果，还应该有意识的通过测试，引导学生们在特定方面付出更多的努力。比如如果学生只习惯读写，却忽视了听说的练习，在测试中就应该加大口试的比重，引导学生多投入时间精力练习口语；如果学生对汉语的语序颇感头疼，就可以在测试中多运用排序等题型，引导学生在平时的学习过程中多注意词语顺序的排列等等。

在上述四个环节中，课堂教学环节最为重要，也体现了最多的教学方法和技巧。下面针对不同的课型，具体说明一下教师应该掌握的基本教学法。

1. 口语课

口语课是开设最广泛的一门课，课堂上学生与老师之间、学生与学生之间的互动多，课堂气氛容易搞活。另外学生在课堂上学到的表达方法，马上可以用来和中国人交流，实用性强，因此学生们的学习积极性也相对较高。从这两点来看，口语课教学并不困难。然而，如果口语课没能有效地调动学生们的热情，没能让学生们多开口说话，教师喧宾夺主，成了课堂的主人，口语课上成了精读课甚至语法课，那么提高学生口语水平的教学任务又是不可能完成的。那么，该如何让本来就不喜欢在课堂上发言的韩国学生多开口，就是每一个在韩国从事对外汉语教学工作的教师应该思考的问题。口语课上有许多办法能够引导学生开口说话。如问答法。问答可以是老师问，全体学生回答，也可以学生之间问答，还可以学生A问，学生B回答，然后学生B问，由学生C回答，以此类推，这样每个学生都能有发言的机会。问答的内容可以是根据实际情况回答，也可以是看图问答、联想式问答或者调查式问答等等，应根据教学内容的不同选择合适的问答法。例如学习能愿动词"会"时，教师可以提前准备一个调查问卷表，内容包括"你会说汉语吗？""你会游泳吗？""你会抽烟吗？""你会做中国菜吗？"等，让学生自由结组，根据这些问题进行调查，调查结果写在表上。还可以设计一些有意思的问题，比如"你会左手画圆，右手画三角吗？"，让学生当堂做做看，能够很好地搞活课堂气氛。如果再布置一项作业，让学生根据课堂上调查的结果写一个简单的调查报告，就能够实现由说到写的延伸。除了问答法以外，情景表演、主题讨论、讲讲我的经历、主题演讲、辩论、游戏等都是让学生开口说话的有效方法。

2. 听力课

　　听力课的主要任务就是听力技能训练，但如果单纯地由教师放录音或读文本，学生听，很容易枯燥无味，影响学生的学习兴趣，进而影响学生的信心和学习效果。因此，听力课要吸引学生的注意力，就要选择内容有意思，学生感兴趣的文本，课堂上还可以穿插广告、电影片段等。另外还要运用多种多样的形式，尤其要注意把听和说结合起来，调动学生的多种感官，这样学生才不至于昏昏欲睡。比如听文本之前，可以先给学生提出问题，让学生带着好奇心去听，或者用问答的形式给出录音内容的背景，让学生对要听到的内容有一定的预想。听后除了回答之前提出的问题以外，还可以根据课文内容组织讨论。也可以让学生在听之前先看问题，然后猜测自己会听到什么，如果是文本为一段会话，就可以两个同学一组试着编出一段对话，听后再对比一下跟自己之前猜测的有何异同。这样，学生们在听录音的时候精力就会非常集中，也不会觉得太难听懂或茫然无头绪。

3. 写作课

　　写作主要分为写句子和写文章两个层次。写句子一般只涉及到语法和词汇，写文章就更复杂一些，包含更多的格式、谋篇布局、描写和段落间的逻辑关系等写作技巧。但是，现阶段韩国学生的汉语写作，无论是写句子还是写文章，最主要的问题还是出在语言上，即写出的句子语法不正确，或者词汇不搭配。因此，韩国学生的写作课，尤其是中级水平的写作课，不能忽视语法偏误的纠正与分析。在高级汉语写作课上，学生们写出病句的几率一定程度上减少了，却常常会遇到不知道写什么的问题，这就需要将写作与阅读和讨论结合起来，可以组织学生们先进行主题讨论，然后把自己的观点写下来。另外，鼓励学生用汉语进行实用性的写作，例如给任课老师或其他中国朋友写信、去网站发帖等都能激发学生对汉语写作的兴趣。

第三节

针对韩国人学习汉语时的语音偏误进行教学

发音的准确度是学习者说汉语的门面，对学习者继续学习的意志影响很大，并且发音一经固定，很难纠正，成年人尤其如此。因此，在学习发音阶段，作为汉语教师必须 了解韩国人常见的语音偏误，把握语音教学的重点，严格把关，提高发音的准确度。

教韩国人汉语发音，应该了解韩国语的语音体系。韩国语子音、母音的发音与汉语拼音声母、韵母的发音有相当高的对比率，有的音相同，有的音似是而非，容易混淆，有的音则完全不同。掌握了这些因素在发音教学中就可以轻重有别，收到事半功倍的效果。

教师应了解如下一些韩国人学习汉语发音时常见的语音偏误。

1. 汉语21个声母中b，p，m，d，t，n，g，k 这8个音与韩国语的子音"ㅂ，ㅍ，ㅁ，ㄷ，ㅌ，ㄴ，ㄱ，ㅋ"相近，因此韩国的汉语初学者发起来基本上没有问题；而 zh，ch，sh 这三个声母韩国语中没有相近的音，对韩国人来说比较陌生，要发准难度大，发音时容易出现卷舌或分家的错误；r，l，z，c，s，h 这6个音似与韩语发音相似却有明显不同，韩国人常常用母语的"ㄹ"代替汉语的"r"或"l"、用"ㅎ"代替"h"、用"ㅈ，ㅊ，ㅌ"代替汉语的"z，c，s"而产生错误；"j，q，x"三个舌面前音有相当多的人都会发成舌尖音。

2. 单韵母发音也有混淆现象，或与英语发音相混，或与韩国语发音相混。比如汉语的单韵母"e"，韩国人常常发成英语的[E]；又如，汉语"ü"韩国人90%以上发成[y]和[i]的复合音。

   韩国语中只有后响复合元音，没有前响复合元音和中响复合元音，因此韩国人学习后响复合元音没有问题，而学习前响复合元音和中响复合元音时会出现复合元音单元音化、三合元音二合元音化的错误。

   复韵母"iou"、"uei"、"uen"三个韵母前拼声母的时候省写成"iu"、"ui"、"un"之后，几乎所有的韩国人初学时都会发成[iu]、[ui]、[un]，比如，"酒[tɕiu]"、"水[ʂui]"、"婚[xun]"，纠正起来有难度。

3. 声调应该说是韩国人学习汉语的难点，也是畏惧点，不少人因为声调难学而不敢学习汉语。这是因为韩国语中没有声调，语调也没有明显的高低曲直变化，韩国人很难适应汉语声调抑扬顿挫的发音习惯，一声高不上去，二声尾声发不到家，三声低不下来，去声不能完全放松。

4. 汉语的语调无论是本体的研究，还是对外汉语教学的研究都是个
薄弱部分。因此韩国人学习起来生疏，不知所措。没有教师具体
指导就会出现抓不住重音，停顿错乱，读破词等现象。至于表现
句子的情绪那就更谈不上了。

在韩国从事汉语教学的教师应该了解并把握韩国人的上述发音偏
误，应具有帮助学生在最短的时间内适应汉语发音习惯，指导学生发
出正确的汉语发音的能力，应掌握适合韩国人的各种有效的教学手
段。

第四节

针对韩国人学习汉语时的词汇偏误进行教学

　　掌握汉语的词汇是汉语学习全程的基础，也是每一阶段必不可少的学习内容，汉语教师必须了解学生的汉语水平和学生已经掌握的词汇量，在词汇教学环节中或已知引未知，或句中猜测，或借助近义词、反义词等来开发利用各种教学方法帮助学生迅速、牢固、正确地掌握较多的词语。

　　韩国的词汇教学要求教师了解韩国语词汇的结构和特点，并要了解韩国人常见的词汇偏误，才能便于把握词汇教学的重点。韩国语词汇由固有词和汉字词这两大部分组成，其中，固有词多用于口语，汉字词多用于书面语。

　　因为汉字词书面上使用汉字，韩国人见字解意，即使没有学过也可以猜测意义。这对汉语词汇教学来说是一个相当雄厚的基础，相当多的词语可以汉韩对译，学生一点则通，会省去教师很多不必要的说明。但汉字词与汉语词有的形义都同，有的形同义不同，有的义同形不同，有的形义都不同，这就给学习者带来负面影响。汉字词出现在口语中就是比较常见的偏误。例如：

1）寒假我要求职。

2）我突然测悟了。

3）她穿的衣服都很陈旧。

4）他不珍爱别人。

5）妈妈对送孩子去外国留学茫然的幻想。

6）国民不堪重负的税务。

7）我一定给予学生自信。

　　汉语教师应该明确了解韩国人说话或写文章时常见的词汇偏误主要在于词义混淆、词性不明、词不搭配、语体不当等几个方面。下面各举例说明：

(1) 词义混淆的偏误

1）我希望我们国家将来当(成为)更成熟的国家。

2）一下飞机，我马上感觉到了上海国际化的味儿(氛围) 。

3）我们必须通过选拔赛才拥有(有)资格参加演出。

4）通过这次暑假我又亲身让自己懂得了这些教训(道理) 。

5）我不理解(了解)那件事的经过。

6）应该晚年的性格变成更敏捷(活泼) 。

(2) 词性不明的偏误

1）但那天的事情使我对此想法无比的怀疑。

2）我常常在明亮不够的地方看书。

3）一到周末就我带着家人旅游全国的青山绿水和名胜古迹。

4）我一听就吓得冷战了。

5）回国后才我知道母亲对邻居得意了那件事。

(3) 词不搭配的偏误

1）在西安我受了很深的印象。

2）我跟她的连接更为紧密了。

3）接到礼物后她就发动了驱蚊剂。

4）我没有迟疑同意了他的提案。

5）她有很强的魅力。

6）窗外下着很多的雨。

(4) 语体不当的偏误

1）这惹起日益突出的社会难题。

2）汽车开得迟缓。

3）我们都为他的人生惆怅。

4）手机没有发生故障。

5）他似乎没听懂空姐说的话。

6）他把我的电话号码遗忘了。

7）我的房间又玲珑又干净。

除此之外，学习成语时也会出现负迁移现象。韩国语里也有很多四字成语，与汉语的成语比较起来，有的结构和意义完全相同，有的结构不同意义相同，有的结构相同意义不同。这就给学习汉语的韩国人带来了困难。比如，"走马观花"韩国语是"走马看山"、"苦尽甜来"韩国语是"苦尽甘来"、"贤妻良母"韩国语是"贤母良妻"、"鹤立鸡群"韩国语是"群鸡一鹤"，诸如此类。教韩国人学习汉语成语应该了解韩国语成语的结构，进行相应的比较之后，韩国学生学习成语不算太难，用成语造句也不成问题。

第五节

针对韩国人学习汉语时的语法偏误进行教学

汉语是孤立语，韩国语是粘着语，两种语言的语发手段是不同的。给韩国人讲汉语语法必须了解韩国人常见的语法偏误，才能把握语法教学的重点。揭示句子中词语之间的关系，汉语主要利用的是词语在句子中的顺序，韩国语则利用词尾粘着助词的方式。虽然汉语中也有介词、连词、助词等揭示词语关系的虚词，并能在韩国语中找到可以对应的助词，但极为有限。韩国人在学习汉语时，受母语语法模式的束缚，总是力图寻找汉语句子中能够表示词语关系的虚词以对应韩国语的助词来理清句中词语之间的关系。在这一过程中忽视了汉语语法的主要手段-语序。这就使得韩国人在学习汉语语法时经常出现语序方面的偏误、使用虚词的偏误。如果没有汉语教师的及时纠正，这些偏误会出现在韩国学习者语法学习的全过程。汉语教师不了解上述事实的话，就会在给韩国人传授汉语语法的过程中抓不住重点，找不到得当的方法，影响教学效果。

韩国人常见的语法偏误可以划分为以下几个类型：

1. 语序偏误

(1) 动宾错位

首先遇到的语序偏误是动宾错位。汉语的宾语在动词后面，而韩国语的宾语在动词前面。这使得韩国人在学习汉语时也把宾语放在动词前。例如：

1）下星期我们这个问题再讨论吧。
2）我能那儿的情况了解一点儿。
3）我那个号码没记住了，所以继续等了。

(2) 主谓错位

汉语与韩国语的主谓顺序是一样的，但一遇到自动词做谓语或复杂一点的句子，就有不少人把主语放在动词后面。 例如：

1）结束比赛后，我们都拥抱了他。
2）开始了釜山国际电影联欢节开幕式。
3）都用了汉字报刊、杂志、书籍等的媒体。

(3) 副词错位

副词错位也是常见的语序偏误。韩国人经常把副词用在名词或代词前。 例如：

1）　这才也大家明白了。

2）　一下飞机，就我们回家了。

3）　只有那件事变得美好的记忆，所以永远我不能忘。

此外，时间名词、介词短语、数量补语等都会经常出现错位。

2.时态偏误

从语法体系上看。韩国语里有专门表示时态的语法范畴，汉语没有。虽然也有"了"、"着"、"过"等时态助词，但其用法复杂，容易混淆，难以掌握。因此韩国人在使用"了"时偏误率比较高，特别是在描写过去时间的现象时，过度使用"了"而造成偏误。我们经常可以看到像"那时候我很孤独了。"、"我不知道了那件事。"、"你没告诉我了。"、"那时候我的经济情况急剧不好了。"等病句。

另外，韩国的汉语学习者在表示现在进行时的时候，误以为一定要用"着"，过度使用，反而造成了偏误。 例如：

1）我们正在上课着，突然听见了手机声音很大。

2）我打电话的时，他洗澡着。

3）我的肚子继续疼着，吃药也没有用了。

4）哥哥打听着的时候我看了<<旅游指南>>。

3. 补语偏误

　　补语是韩国人学习汉语语法时的又一个难点。韩国语只在动词前边有修饰语，因而对汉语谓语前后都有修饰语的现象难以接受，理解困难，造句时不知所措。结果对补语和趋向补语接受起来还算容易，但对繁多的结果补语词语和趋向补语的引伸用法感到头疼；最难的是区分状语与补语，修饰动词的词语不知道放在前边好还是放在后边好;而情态补语和可能补语则常常成为盲点，不敢使用。

　　偏误例句如下：

1）她干净地把孩子们的衣服洗了。
2）他每次读文件得很认真。
3）今天他说高高兴兴了。
4）就是这雨把泰山藏得彻底。
5）因为他已经长大了，变了太自私的。
6）我已经把那儿的情况了解得清楚了。
7）学了这么长时间，见了中国人，还是说得不出来。
8）如果你没背得完，就老师不通过。

4. 介词偏误

如果说韩国语的助词能够在汉语里找到相应的虚词,那么介词可能是几率最高的。韩国的汉语学习者所犯的偏误主要是"遗漏"和"错位"。下面我们重点来举例说明一下有关"在"和"把"的病句。

(1) 有关"在"的病句

不当用在名词前时出现的有关"在"的使用错误,如:

1)首尔大学是在韩国最好的大学。

2)在江原道下了很大的雪。

3)这时候在路上飞快地开过去一辆车。

4)他在昨天又迟到了。

5)在这儿的天气比我们那儿冷。

6)在南京有许多名胜古迹。

由于"遗漏"问题而发生的病句,如:

1)我庆州上中学念书的时候认识了他。

2)现在他飞机场等客人。

3)我们经常那家茶馆讨论了问题。

4）他公司里工作很认真负责。

(2) 有关 "把"的病句

　　韩国人对"把"字句比较感兴趣，使用频率也比较高。这是因为"把"可以使宾语提到动词前，符合宾语应在动词前的母语模式。但是对"把"字句的特点与用法没有理解清楚，难免出现乱用"把"的偏误。偏误类型有由于谓语使用自动词、离合动词、心理动词、形容词等不能带宾语的词语而造成的病句，如：

1）我把衣服脏了。

2）把课文明白了。

3）我把妈妈生气了。

4）是我把她伤心了，我很惭愧。

5）礼物是把人们的关系敦厚。

6）那件事把很多人聪明起来了。

7）医生把他救命了。

　　还有由于谓语动词单用而造成的病句，如：

1）我们把问题讨论了。

2）星期日我把房间收拾。

3）他把那些照片在电脑编辑。

4）把你的身体随着音乐流动。

5）我们一定要把这次大会好好准备。

由于语序错位而造成的"把"字病句，如：

1）你怎么把作业还不做完？

2）你先把邮件别发吧。

3）他们把护照应该放在大使馆里。

4）如果把通知书可能接到就好了。

5）你把飞机票已经给他了吗？

5. 离合词偏误

离合词后面带宾语也是常见的语病。"毕业大学"、"帮忙他"、"辞职工作"、"受伤肩膀"、"见面朋友"、"打招呼他"等都是经常可以看到的错误现象。

韩国的汉语教学长期以阅读理解和语法为主，水平测试的重点也是语法，使得学生形成了外语学习重视语法的心理与习惯。这在汉语学习中也不例外。无论在会话课堂还是精读课堂、写作课堂韩国人都会特别认真地学习语法，会提出好多语法方面的问题。教师了解韩国人的这种心理并掌握常见的语法偏误，课前备课有针对性，就可以及时明确地回答学生的提问，提高课堂教学效果，增加学生对教师的可信度，为进一步学习打下好的基础。

제대로 알아보는 **국제 중국어 교사 자격**

한국어

제대로 알아보는 국제 중국어 교사 자격

국제 중국어 교사의 종합 소질

제대로 알아보는 국제 중국어 교사 자격

제1절

한국에서 중국어 교육 환경의 개황 및 특징

최근 중국의 경제력이 날로 강대해짐에 따라 국제적 지위도 향상되고 세계에 대한 영향력도 커지고 있으며, 그에 따라 세계 곳곳에서 중국어 학습 열기가 고조되고 있다. 또한 한국과 중국은 수교 25년간 다른 분야는 물론 양국의 유학생 교류도 부단히 발전되어 왔다. 현재 한국에 유학 중인 중국 학생이 이미 8만여 명에 달하고, 중국에 있는 한국 유학생도 6만 3천여 명을 넘어서며 서로 최대의 유학생 배출국이 되었다. 이것은 한중 관계가 부단히 발전한 필연적인 결과이다. 한중 양국 간 인적 교류와 경제 교역이 날로 확대됨에 따라 한국에서 현재 중국어를 배우는 총인원이 50만 명에 달하고, 매년 중국어수평고시(HSK 시험)에 참가하는 인원만 해도 10만여 명이 넘는다.

중국어 교육과 유학생의 교류는 이미 한국인과 중국인의 우호적인 교류의 중요한 수단이 되어 한중 양국 간 교류에서 대체할 수 없는 역할을 담당하고 있다. 이런 상황에서 하루빨리 통일된 국제 중국어 교사 자격의 기준을 제정하고 각 국가의 구체적 상황과 특징, 현지 중국어 시장의 수요 현황과 결부하여 국제 중국어 교사의 연수 업무를 강화해 중국어가 진정으로 세계화될 수 있도록 해야만 하는 시점이 되었다.

중국과 한국뿐만 아니라 세계적으로 중국어 교육에 있어서 해결해야 하고 개선되어야 할 많은 문제들이 있다. 그중에서 중국어 교사 자격에 대한 엄격하고 통일된 기준이 제대로 마련되지 않아 해외의 각종 학교와 학원들에서 국제 중국어 교사의 비정규 채용이 비일비재하고, 체계적인 강의 구성이 미비한 점도 해결해야 할 중요한 문제이다.

현재 한국의 각 대학, 공자학원과 각지의 중국어 학원 등에서 개설된 중국어 교육과정의 명칭은 상당히 많다. 통계에 의하면 중국어 강좌 내용이 대부분 회화, 듣기 위주로 된 학과가 많다. 결국 한국 학생의 중국어 학습 수요의 중점은 듣고 말하기라는 것을 알 수 있으며, 구체적인 중국어 교과목 명칭도 듣고 말하기 교육에 맞추어 구조화되었다. 예를 들면 비즈니스 중국어, 시사 중국어, 여행 실용 중국어, 초급 듣기, 고급 듣기, 초급 회화 등이다.

다음으로 HSK와 관련된 중국어 과정도 한국 내 중국어 학습자의 관심이 쏠리는 분야다. 이는 최근 중국어 학습자의 소비 경향과 진학, 취업과 상관관계가 있기 때문이며, 학습자가 자신의 대학 진학이나 취직에서의 경쟁력 향상을 위해 여전히 '중국어 수준 자격 증서'인 HSK 시험에 응시하려 하기 때문이기도 하다. 그밖에 많은 유치원과 초등학교의 방학, 학교 외의 학원들에서 어린이 취미 중국어반을 개설하는 등 어린이 중국어의 수요도 많고 다양하다.

그런데 어느 분야의 과정을 가르치든지 모두 다른 교육 방법과 기교가 있다. 예를 들면 회화와 듣기 과목의 주제와 내용은 한국 학생의 실제 생활과 아주 밀접한데, 교육의 내용이 한국 학생의 생활과 밀착되어야만 학습자들이 더욱 쉽게 받아들이고 이해할 수 있다. HSK 과정을 배울 때 융통성 없이 '제목 + 해제' 형식의 어법 연습 문제만을 학습해서는 안 될 것이다. 이러한 방법은 학습자가 시험에 통과하는 데는 도움이 될 수 있을지 몰라도, 학습자의 실제 중국어 능력 향상에는 한계가 있기 때문이다. 유치원과 초등학교에서 중국어 교육을 할 때에는 학생의 상황을 충분히 고려해야 하고 그들의 생각과 습관 그리고 생활과 밀착되어야 하며, 동시에 한중 언어의 특징과 한중 문화의 차이 등도 고려해야 한다. 이를 토대로 출발하여 사회적 흐름을 반영한 교재를 편찬해야 어린이들의 학습 의욕을 촉진시킬 수 있다. 결론적으로 말하면 학습자의 연령에 따른 교육 방법이 필요하다는 것이다.

한국에서의 중국어 교육 환경에 대한 개황과 특징을 분석한 후 우리는 국제 중국어 교사 자격 표준과 관련된 문제들을 발견하였다. 한국에서의 중국어 교육은 비교적 일찍 시작되었고, 중국어 교육에 참여한 인원도 여타의 국가보다 많지만 교사 선발에서만큼은 다년간 '다만 중국인이면 되고, 중국어를 할 줄 알면 중국어를 가르칠 수 있다'는 비합리적인 생각이 만연되어 있었다. 비록 중국어 학습이 한국에서 매우 보편화되었지만 대부분 교육기관은 중국어 교사 자격과 관련해서는 그 중요성을 인식하지 못했고, 교사의 양성과 연수는 단기적·비체계적이며, 개별 교육의 연관성도 부족했다. 이러한 기초적인 작업이 미흡한 상황에서 이보다 상위의 교육체계와 관련하여 통일된 자격 기준이나 규범 교육체계의 형성은 더 말할 필요도 없을 것이다.

국제 중국어 교육은 하나의 과학적 이론 체계로서, 국제 중국어 교육에 종사하는 교사는 소속된 나라의 문화와 국가적 상황에 결부하여 현지 학생들에 맞도록 과학적인 국제 중국어 교육 이론을 실질적으로 펼쳐야 할 것이다. 그래야 확실하고 효과적인 교실 교육이 진행될 수 있다. 또한 국가별 맞춤식 교육이 우선되어야 한다. 한국에서 중국어 교육에 종사하는 교사는 국제 중국어 교육의 목적, 특징, 규범과 방법 등을 이해해야 할 뿐만 아니라, 한국의 중국어 교육 환경을 잘 알아야 하며 한국 학생이 중국어를 배우는 데 있어서의 문제점을 간파하고 해결할 수 있어야 한다.

지금의 문제는 중국어 교육에 종사하는 많은 교사들이 전문적인 국제 중국어 연수를 받은 적이 없는 것이며, 많은 교사들이 자기가 배웠던 전공을 포기하고 국제 중국어 교육 사업에 종사하고 있는 것이다. 그래서 그들이 교실 수업을 진행할 때 비전문성이 노출되며 심지어 학생들에게 제공하는 HSK 어법 해설에도 오류가 있는 것이다. 이런 것들은 많든 적든 학생들의 중국어 학습에 부정적인 영향을 주게 된다. 그런 의미로 볼 때 국가 중국어 교육부와 경험 있는 중국어 교육 종사자들은 마땅히 국제 중국어 교사 자격 부분의 연구와 개발을 강화해야 하며, 한국 사회의 중국어 교사 집단에 대한 양성도 반드시 중시되어야 하는 것이다.

제2절

교사가 갖추어야 할 직업 소양

국제 중국어 교육은 하나의 학과이고 또한 과학성, 지식성, 예술성이 매우 강한 직업이기도 하다. 국제 중국어 교육에 종사하는 교사는 특수한 교육 대상에 맞는 강의를 해야 한다. 때문에 직업적인 특수한 책임과 사명 의식을 지녀야 한다. 교사의 직업 소양은 직접적으로 이런 학과와 깊은 관계가 있나. 세계 각국에서 중국어를 배우는 사람의 수가 증가함에 따라 국제 중국어 교사의 직업 소양에 대한 요구도 날로 높아지고 있다. 교사는 마땅히 아래의 세 개 부분에서 개인 소양을 향상시켜야 하며, 그러할 때 비로소 국제 중국어 교사의 이미지와 국제 중국어 교육의 질을 확보할 수 있는 것이다.

1. 도덕적 성품 소양

교사의 도덕적 성품 소양은 교사가 교육 실천 과정에서 반드시 지녀야 할 도덕 규범이다. 교사는 마땅히 교육 활동에 대한 열정을 전제로 특수한 교육을 받는 집단에 대해 솔선수범하고 학과 지식, 문화 지식, 사회 지식,

인품 등의 면에서 모범이 되고 진실된 감정으로 학생들을 대하며 정확한 사상과 드높은 열정, 엄격한 태도로 교육을 해야 한다.

국제 중국어 교사는 중화민족의 우수한 언어와 문화를 전파하는 사명감을 지닌 자이어야 하며, 중국어라는 교량으로 세계 각국과의 우호를 강화하는 책임감을 지녀야 한다.

따라서 국제 중국어 교사는 고상한 도덕적 품성을 갖추어야 하고, 자신의 업무에 열성을 다하고 자기 희생 정신이 있어야 하며, 기꺼이 다른 사람의 성장을 도울 수 있어야 할 뿐만 아니라 봉사 정신 또한 있어야 한다. 교육에 대한 드높은 책임감으로 진지하게 수업을 준비하고 진행하며, 진지하게 과제를 비평하고 학생들을 성실하게 지도하고 공정하게 대해야 한다.

또한 중국어 교사는 진지한 노력으로 학생들을 감동시킬 수 있어야 한다. 이런 태도가 학생들에게 영향을 주는 것은 물론 긍정적인 교사상을 가질 수 있도록 한다.

2. 교육 태도와 심리

우수한 국제 중국어 교사가 되려면 우선 국제 중국어 교육에 진정으로 애정이 있어야 한다. 국제 중국어 교육에 대한 애정과 함께 그 과정에서 즐거움을 느낄 수 있는 교사만이 중국어를 사랑하는 학생을 육성해 낼 수 있는 것이다. 학생들이 중국어를 배우고자 하는 흥미를 유발시킬 수 있어야만 이상적인 교육 목적에 도달할 수가 있다. 이처럼 중국어에 애정이 있어야만 부단히 관련 지식을 학습할 수 있으며, 아울러 꾸준히 교육 방법을 연구하고 자신의 능력을 향상시키며 교육의 질을 제고할 수가 있다.

　교사는 반드시 건전한 태도를 갖추어야 하며 겸허하게 다른 사람의 교육 경험을 배우고 항상 자신의 교육적 실천과 효과를 반추하며 능동적으로 학습 내용을 연구 분석하고, 그것을 근거로 교육을 개진해 나가야 한다. 또한 교사는 각종 장소에서의 회합에서도 책임감을 보여야 하며 협동 정신과 전략적 지혜도 필요하다. 뿐만 아니라 교사는 당연히 통제력이 있어야 하고 교육과정에서 발생하는 돌발 사건에 대응할 수 있는 능력이 있어야 하며, 그 어떤 교육 장소에서도 건전한 태도가 드러날 수 있도록 스스로 몸에 익혀야 한다.

　교육과정에서 교사는 학생들에게 친절과 열정, 교육에 대한 책임감 등을 보여야 하며, 친절과 존경의 이미지를 잘 만들어 학생의 훌륭한 스승인 동시에 좋은 친구가 되어야 한다.

　교사는 학생들의 실제 중국어 수준, 취미와 요구 등을 이해해야 하고 또한 이를 근거로 교육 목표를 설정해야 하며, 가장 좋은 교육 방법과 수단을 선택해야 한다. 교육 중에 나타날 수 있는 문제와 도달할 수 있는 교육 목표를 효과적으로 설정해야 한다. 교사는 마땅히 학생의 반응에 주목하고 학생의 고충을 알아야 하며 학생을 이해하고 학생을 포용할 수 있어야 한다. 정확한 중국어 지식으로 학생들을 지도할 수 있는 방도를 강구하고 학생들의 적극성을 이끌어 내며 또한 학생들의 참여와 정보에 근거한 시의 적절한 교육 활동으로 가장 효과적인 교육이 이루어지도록 하여야 한다.

교사는 반드시 교육심리학 지식을 구비해야 한다. 또한 학생들의 특징, 학습 동기, 심리 활동, 학습 방법, 학습 심리 구조와 패턴을 이해하고 파악해야 한다. 대상에 따라 교실 교육을 교재에 근거하되 융통성 있게 조절하여야 한다. 교사는 마땅히 학생의 학습 효과에 대해서 측정하고 평가할 수 있는 심리 분석 능력을 갖추어야 한다.

교사는 한국 학생들이 중국어를 학습하는 목적과 학습에서의 어려움을 이해하고, 부단히 새롭고 효과적인 교육 방법을 연구하여 개별 학습자 맞춤형 교육을 실시해야 한다.

교사는 당연히 한국인의 사고방식과 관습을 이해해야 하며 그것이 교실 교육에 반영되도록 하여야 한다. 교사는 한국 학생들의 교실 활동에 대한 심리와 태도를 이해하고 학생들이 교실 교육에 적극적으로 참여하도록 유도해야 하며, 학생들이 교사의 지도에 따를 수 있도록 하여 함께 교실 교육의 효과를 향상시켜야 한다.

3. 문화 소양과 문학 소양

한국에서 중국어를 배우는 대다수의 학생들의 목적은 중국어의 듣기, 말하기, 읽기, 쓰기, 번역 등의 언어능력을 향상시키려는 것이다. 언어는 문화의 저장체이고 언어를 배우는 과정 역시 문화를 배우는 과정이다. 그러므로 국제 중국어 교사는 중국어 교수 과정에 중국의 문화까지 전파하게 되는 것이다.

때문에 중국어 교사는 전공 지식 이외에도 관련 문화 지식을 겸비해야 하며, 학생들에게 중국의 역사, 지리, 명승고적, 사회현상, 민속 풍토, 경제 발전 상황과 국가의 주요 정책 등을 소개할 수 있어야 한다. 그밖에 세계 역사, 세계 지리, 국제정치, 국제경제 등 여러 부문의 기본 지식도 갖추어야 하고, 한국의 국제적 상황, 사회 풍속, 문화 금기 등에 대해서도 알아야 한다.

한편으로 문학작품은 언어의 핵심을 담은 그릇이고 또한 언어를 배우는 가장 좋은 교재이다. 중·고급 학생들은 교실 교육에서 중국의 우수한 문학작품을 접하게 될 것이다. 때문에 국제 중국어 교사가 되려면 일정한 문학 지식과 문학 소양을 갖추어야 하고, 중국 고대·현대문학의 발전 맥락을 이해해야 한다. 각 시기의 대표적인 작가와 작품을 이해하고 아울러 다른 문체, 다른 작가, 다른 작품의 언어 관습과 특징 등을 이해해야 하며, 이러한 지식이 교육에 반영되어야 한다.

그밖에 한국에서 국제 중국어 교육에 종사하는 교사는 한국문학에 대해서도 어느 정도의 이해가 있어야 한다. 한국문학을 개괄적으로 이해할 뿐만 아니라 대표성 있는 한두 편의 작품 정도는 읽어야 한다.

교사는 또한 음악, 무용, 희극, 회화, 서예, 체육 등의 부문에서도 일정 수준의 재능을 가지고 있어야 하며 자신의 재능을 교육과정에 응용할 줄 알아야 한다. 그렇게 되면 중국어 교육에도 상당한 도움이 될 것이다.

제3절

교사는 교육 능력을 갖추어야 한다

국제 중국어 교사가 되려면 반드시 건전한 가치관과 도덕적 성품을 갖추어야 하고 교사라는 직업에 대한 애정과 교육에 대한 열정이 있어야 한다. 또한 전문 지식을 확고히 가져야 하고 자신이 지닌 폭넓은 지식을 언어로 쉽게 표현하여 학생들에게 전달할 줄 알아야 한다. 교육 능력의 구비와 관련해서는 다음의 몇 가지 방법으로 정리할 수 있다.

1. 국제 중국어 교육의 목적을 명확히 해야 한다

국제 중국어 교사는 우선 국제 중국어 교육의 목적을 명확하게 알고 있어야 한다. 교육의 목적은 학생들이 중국어 기초 지식과 중국어를 활용하여 듣고, 말하고, 읽고, 쓰는 기본 기능에 도달할 수 있도록 가르치는 것이다. 그러므로 국제 중국어 교사는 학생들의 중국어 학습 동기를 유발하여야 할 뿐만 아니라 학생들이 중국어 학습을 통해서 중국 문화, 중국 역사와 중국 사회를 잘 이해하도록 지도해야 한다.

2. 과정의 단계적 구성과 각 과정의 목표와 각 과정 간의 관계를 이해해야 한다

국제 중국어 교사의 교육 능력은 과정의 단계적 구성과 각 과정의 목표 그리고 각 과정 간의 관계에 대한 이해에서 시작된다. 교사는 당연히 과정의 단계적 구성에 근거하여 교육 내용과 방법 등에 대해 적절하게 선택할 줄 알아야 한다. 또한 특정 과정의 기능에 따라 교육의 구체적 목표와 순서를 확정할 수 있어야 하고, 아울러 각 과정 간의 관계와 목표에 따라 교육 내용을 세분화하여 처리할 수 있어야 한다. 그리고 국제 중국어 교사는 각 과정의 교육 목표를 제시할 수 있어야 하며, 각 과정의 세부 학습 지도안을 설계할 수 있어야 한다.

3. 듣고 말하고 읽고 쓰고 이해하는 교육 능력을 갖추어야 한다

한국에서 국제 중국어 교사가 되려면 중국어와 한국어 두 언어의 듣기, 말하기, 읽기, 쓰기, 이해 등 각 부분의 지식에 정통해야 할 뿐만 아니라, 학생들에게 듣고, 말하고, 읽고, 쓰고, 이해하는 능력을 가르칠 수 있는 교육 능력을 갖추어야 한다.

듣기 부분에서 교사는 당연히 학생들의 중국어 어휘 학습 때 발음, 성조의 변화를 지도할 줄 알아야 하며, 듣기 연습을 통해서 학생들이 문장의 의미를 이해하도록 훈련시키고, 문장에서 중요한 정보를 파악하는 능력을 훈련시키며, 학생들에게 작자의 사상과 작품을 명확하게 이해하는 능력을 키워 주어야 한다.

말하기에서 교사는 숙련되고 표준화된 중국어로 교실 교육 활동을 조직하는 능력을 구비해야 한다. 또한 학생들에게 글자, 단어, 문장, 문단 등의 순서에 따라 지도할 줄 알아야 한다. 일관성 있는 학습지도로 순서에 따라 점진적으로 말해야 하며, 말하고 읽는 과정을 통해 얻은 자료를 학생들이 복창할 수 있도록 지도하여야 한다. 학생들의 수준이 허락되는 상황하에서 교사는 학생들이 말로 작문하고 상황을 대화하도록 지도하는 능력을 갖추어야 한다.

읽기에서 교사는 학생들이 단어의 뜻과 문장의 어법 관계를 이해하고, 각종 문장의 의미를 이해하며, 작가의 정서를 이해할 수 있도록 지도할 줄 알아야 한다. 문장을 읽을 때 교사는 당연히 학생들이 앞뒤 문장의 관계를 통해서 사건의 전후 관계, 원인과 결과, 논리적 관계 등을 판단하도록 지도해야 한다. 뿐만 아니라 글의 개괄적인 의미와 중심 내용을 명확하게 이해할 수 있게 학생들의 능력을 키워 주고, 학생들이 읽기 기교를 숙달할 수 있도록 하며 최종적으로는 읽고 이해하는 능력을 향상시켜서 읽는 속도와 함께 이 두 가지 목적을 성취할 수 있도록 해야 한다.

쓰기에서 교사는 학생들이 적합한 단어를 골라서 작문할 수 있는 능력을 함양시켜야 한다. 이는 정확하고 적절한 어휘를 선택해서 특정한 의미와 적합한 어법의 문장을 표현해 낼 수 있도록 하는 것을 말한다. 학생들이 단문 이상의 단위 문단과 문장을 작문할 때 교사는 학생들이 간단한 수식 수단과 정확한 문장부호를 사용하고 문단의 순서를 합리적으로 배열

하며, 시작과 주체, 결말 등이 있고 정체성이 있는 문장을 구성할 수 있도록 지도해야 한다.

해석 부분에서 교사는 학생들이 단어, 구, 문장 등을 해석할 수 있는 능력이 향상되도록 하여야 한다. 교사는 학생들이 중국어의 문체를 정확하게 한국어로 해석할 수 있도록 지도해야 하며, 동시에 한국어의 문체를 정확하게 중국어로 번역할 수 있도록 해야 한다. 중국어로 번역된 문장은 마땅히 중국어의 구어 혹은 문어 표현의 규범에 부합되어야 하고, 시간, 공간, 논리 추리 등 문단의 순서를 합리적으로 배치하는 등 문장과 문단을 연결하는 표현 기교도 적절하여야 한다.

4. 교재를 식별하는 능력

1992년 한중 수교 이후 약 25년 동안 양국의 교류와 협력 분야는 더없이 광범위해졌다. 한국에서 중국어를 배우는 열기가 고조됨에 따라 그 인원도 많아졌고 중국어 교재에 대한 요구도 보다 높아지고 절실해졌다. 더욱이 국제 중국어 교육 사업이 부단히 발전함에 따라 중국과 한국에서 모두 대량의 교재가 개발되었다. 그런데 수량과 종류가 비약적으로 늘어난 것은 반가운 일이지만 더불어 품질 면에서도 좋은 것과 나쁜 것이 뒤섞이는 문제가 발생했다.

교재는 교육의 목적이고 중국어 인재를 육성하는 데 반드시 준비해야 할 객관적 자료이다. 국제 중국어 교사는 반드시 탁월한 혜안으로 훌륭한 교재를 선택하는 능력을 구비해야 한다. 한국 학생을 상대로 하고 그들의 관심과 현실에 맞는 내용이면서 난이도와 단원 구성에서 학생들의 중국어 수준에 맞는 교재를 선택해야 최종적으로 높은 수준의 중국어 인재를 양성해 낼 수 있다. 그렇기 때문에 맞춤형 교재를 잘 선택하는 것 역시 국제 중국어 교사의 교육 능력 중의 하나가 된다.

5. 교실 수업 순서 배치와 성적 평가 능력

교실 수업은 일반적으로 아래의 몇 개 기본단위로 나뉜다.

- 수업 조직 – 복습 검사 – 새 단원 새 단어 처리 – 새 단원 어법 중점 처리 – 본문 처리 – 총정리 – 숙제와 예습 임무

교사는 합리적으로 교실 교육의 순서를 계획하고 절차를 명확히 하며 당일 교실에서 배울 내용의 중점 사항을 뚜렷하게 해야 한다. 합리적인 측정과 성적 평가는 언어 교육의 주요 구성 부분으로 학생들이 교육 내용을 숙지한 상황을 반영하여야 하며, 또한 교사의 교육 방법을 개진하도록 해주고 교육 품질을 향상시키는 데 적극적인 역할을 한다. 교사는 당연히 학생의 수준을 측정하는 수단에 정통해야 하고, 객관성과 공정성의 원칙을 바탕으로 정확한 성적 평가 능력을 갖추어야 한다.

6. 학생을 지도하고 훈련하며 오류를 교정해 주는 능력

교사는 대비 분석과 오류 분석 이론을 숙지하고 이용해야 하며, 학생들이 오류를 일으킬 수 있는 근원을 사전에 이해하여 교육과정에서 주도적인 모습을 보여야 한다. 학생에 대한 지도는 시작부터 정확하게 시범을 보여 학생들로 하여금 정확하게 모방하게 하고 기억과 운용을 할 수 있도록 해야 한다. 훈련은 쉬운 것에서 어려운 것으로 가볍게 시작해서 깊이와 생동감이 있는 다양한 연습 형식을 이용, 반복 훈련을 하도록 하며, 학생들이 오류를 극복할 수 있도록 인내심을 가지고 도와야 한다. 학생들의 오류 교정에 대해서는 정확한 태도로 학생들의 심리를 충분히 고려해야 하고, 다른 교정 방식도 채택하여 학생들 스스로 오류를 발견하고 교정하도록 지도해야 한다.

7. 교실에서 교사의 역할을 잘 알아야 한다

국제 중국어 교실 교육의 성공 여부는 교실에서 교사의 역할을 어떻게 파악하고 교실 교육을 어떻게 조직·관리하는가와 중요한 관련이 있다. 국제 중국어 교육의 대부분 과정은 모두 실천성이 매우 강한 과정이다. 수업은 당연히 학생 훈련 위주가 되어야 하며, 교사의 지도는 보조가 되어야 한다는 교사 자신의 역할을 잘 파악해야 한다. 교실 수업에서 교사는 생동감 있고 활발한 교실 수업 분위기를 만들어야 하고, 학생의 불안감을 해소

하고 학생의 주동성과 적극성을 최대한 발휘하도록 만들어야 한다. 교사는 합리적으로 수업 시간과 진도를 계획하고, 교실에서의 자신의 역할을 융통성 있게 하여 경직되거나 지루하지 않도록 하고, 학습 내용이 생동감 있고 재미있으며 적당한 난이도로 구성되도록 하여 학생들이 지속적으로 주의를 기울일 수 있도록 해야 한다.

Chapter

02

중국어 기본 지식

제대로 알아보는 국제 중국어 교사 자격

제1절

교사는 중국어 발음 지식에 정통해야 한다

발음 지식은 언어 교육 능력의 주요 구성 부분이며 또한 국제 중국어 교육의 주요 내용이다. 발음은 언어의 외적 형태이고 또한 각 언어 시스템의 가장 외재적인 형식적 특징이다. 발음 수업은 대외 중국어 교육의 기초이면서 학생이 듣고, 말하고, 읽고, 쓰는 기능과 학습 능력을 키워 주는 전제이기도 하다.

중국어 교사는 우선 표준화된 중국어를 구사할 줄 알아야 하고 정확한 발음과 어조로 말하며, 음가가 명확하고 발음이 정확해야 한다. 학생들에게 모범을 보임으로써 적절한 언어 환경 속에서 학습하도록 지도해야 하며, 아울러 언어 분별력과 교정 능력도 갖추어야 한다. 그다음으로 발음 교육에서 교사는 중국어 발음 기초 지식을 숙지했다는 전제하에 중국어 발음 계통의 개념과 술어를 정확하게 묘사할 수 있어야 하고 중국어 발음 지식을 학습자에게 전달할 수 있어야 한다. 국제 중국어 교수 중에서 교사가 마땅히 정통해야 할 발음 지식은 아래와 같다.

1. 발음의 기본 개념

국제 중국어 교사는 마땅히 음소, 음절, 음위(音位), 음표, 모음, 자음, 성조, 어조, 음변(音變) 등 술어에 익숙함은 물론 그 개념을 이해하고 교육과정에서 능숙하게 응용할 수 있어야 한다.

음소는 최소의 발음 단위이고 음색의 각도에서 구분되어 나온 것이다. 음소는 보음과 원음으로 나뉘는데, 즉 자음과 모음 두 개로 크게 나뉜다. 교사는 다른 발음 부위와 발음 방법을 알아야 하고, 다른 자음을 발음할 수 있어야 하며, 상이한 혀의 위치와 입술의 모양으로 다른 원음을 발음해 낼 수 있어야 한다. 교사는 각 자음의 발음 부위와 발음 방법, 다른 모음과 혀의 위치 그리고 입술의 모양을 정확하게 숙지해야만 한다.

음위(音位)는 의미 구별의 각도에서부터 구분되어 나온 최소 발음 단위이다. 한 개의 음위는 여러 개의 음소를 포함한다. 중국어 표준어의 21개 성모와 단운모는 모두 하나하나의 음위이다. 각 음위 중에는 모두 약간의 음소를 포함한다. 예를 들면 음위 /a/는 음소 [a], [A], [ɑ], [ɛ] 등을 포함한다.

중국어 표준어 중 21개의 성모는 모두 보음(자음)으로 역할하고, 39개의 운모는 주로 원음(모음)의 역할을 한다.

음절은 음소로 구성되었고 청각상 가장 쉽게 구분되는 발음 부분이며, 발음 구조의 기본단위이다. 중국어의 전통적 분석 방법에 따르면 성모와 운모는 일정한 방식에 따라 조합되었으며 또한 성조는 오직 하나의 음절인 것이다. 한자는 표의문자이고 자형으로는 읽기가 어렵기 때문에 한자주음이 필요하다. 1956년 2월 중국 문자 개혁 위원회에서는『한어병음방안(초안)』을 정했으며, 국제상 유행하는 라틴자모를 채용해서 한자에 주음을 다는 형식을 취했다. 중국어 교사는『한어병음방안』중에서의 자모표, 성모표, 운모표, 성조 부호와 격음 부호 등의 내용을 숙지해야만 하며, 매개 성모, 운모, 성조의 정확한 발음을 자유롭게 낼 줄 알아야 하고『한어병음방안』의 각 병음 규칙을 숙련되게 응용할 수 있어야 한다.

2. 성모

중국어 음절은 성모, 운모, 성조 등으로 구성되었으며, 성모는 중국어 음절 시작 부분의 보음(자음)이다. 중국어 표준어에는 모두 21개 성모가 있고, 그것들은 b, p, m, f, d, t, n, i, g, k, h, j, q, x, zh, ch, sh, r, z, c, s이다.

중국어 표준어에는 개별적으로 성모가 없는 음절이 있고, 병음 자모는 y 혹은 w로 제로 성모 음절을 표시한다.

발음 부위가 다름에 따라 중국어 표준어의 성모는 7종류로 나눌 수 있다. 즉 쌍순음, 순치음, 설첨전음(혀끝앞소리), 설첨중음(혀가운데소리), 설첨후음(혀끝뒷소리), 설면전음 그리고 설면후음이다. 또한 발음 방법은 3개 부분으로 관찰할 수 있다.

(1) 장애의 방식에 따라서 5종류로 나눌 수 있다. : 파열음, 마찰음, 파열마찰음, 비음과 설측음 등이다.

⑵ 성대가 진동하는지 아닌지에 따라서 청음과 탁음의 2종류로 구분할 수 있다.

⑶ 호흡의 강약에 따라서 유기음과 무기음의 2종류로 나눌 수 있다.

중국어 교사는 다른 성모의 발음 부위와 발음 방법을 정확하게 구분하여야 하며, 발음 교육 시 학생들이 정확한 발음을 배우고 발음의 오류를 교정하도록 해야 한다.

3. 운모

운모는 중국어 음절 중 성모 후면의 부분을 가리킨다. 표준 중국어에는 39개의 운모가 있으며, 단운모, 복운모 그리고 비(鼻)운모 등 3종류로 나눌 수 있다.

단운모는 단원음으로 충당되고, 표준 중국어에는 모두 10개 단운모가 있는데 a, o, e, ê, i, u, ü, -i(전), -i(후), er이다. 교사는 이러한 단운모의 정확한 발음에 정통해야 하며, 혀의 위치와 입술 모양을 파악하여 설면원음도에서 정확하게 발음의 위치를 가려낼 수 있어야 한다.

복운모는 복원음으로 구성된 운모이다. 복원음이 가리키는 것은 발음 시 혀의 위치이며, 입술 모양은 모두 변화의 원음이다. 표준어는 모두 13개의 복운모가 있으며, 전향 복운모는 ai, ei, ao, ou이고, 후향 복운모는 ia, ie, ua, uo, üe 그리고 중향 복운모는 iao, iou, uai, uei로 나뉜다. 교사는 각 복운모의 정확한 발음과 혀의 위치, 입술의 모양 변화 등을 익숙하게 숙지하여 학생들의 발음을 교정하고 지도해야 한다. 특히 한국 학생들은 전향 복운모를 발음할 때 오류가 많다.

비운모는 원음과 비보음 운미로 구성된 운모이다. 표준 중국어는 모두 16개 비운모가 있다. 그중 an, ian, uan, üan, en, in, uen, ün 8개는 [-n]로 종결되며, ang, iang, uang, eng, ing, ueng, ong, iong 8개는 [-ng]로 종결된다.

교사는 각 비운모의 정확한 발음과 혀의 위치, 입술의 모양 변화를 잘 파악하여 학생들의 발음을 교정하고 지도해야 한다.

'4호'는 중국어 전통의 운모 분류 방법이다. 운모의 시작 원음의 입술 모양에 근거하여 개구호, 제치호, 합치호, 촬구호 등의 4종류로 나누는데, 교사는 이런 지식을 이해하고 능숙하게 지도해야 한다.

4. 성조

중국어 음절에는 성조가 있는데 이것이 중국어가 한국어와 구별되는 가장 뚜렷한 특징이다. 중국어 교사는 반드시 성조 지식을 숙지해야 하고 정확한 발음을 할 수 있어야 한다. 아울러 정확한 발음 방법과 요령으로 다른 사람을 지도할 수 있어야 하고, 성조 오류를 교정하는 능력을 갖추어야 한다.

성조는 음절 중에서 어의를 구별하는 작용이 있는 음 높이의 변화이다. 중국어는 성조 언어에 속하며 각 음절은 모두 고저, 승강, 곡직, 장단의 변화가 있다. 이런 변화는 의미를 구분하는 역할을 한다. 성조가 다르면 의미도 다르다.

표준어에는 4개의 성조가 있다.

(1) 음평 : 제1성 성조의 고저장단(성조 값 : 55),

(2) 양평 : 제2성 성조의 고저장단(성조 값 : 35),

(3) 상성 : 제3성 성조의 고저장단(성조 값 : 214),

(4) 거성 : 제4성 성조의 고저장단(성조 값 : 51)이다.

교사는 각 성조의 조형과 성조의 고저장단(성조 값)에 정통해야 하며 성조의 '3도 표기법'에도 정통해야 한다. 교육 중에 학생들이 따라하기 쉬울 뿐만 아니라 정확한 발음 방법을 신속하고 정확하게 지도할 수 있도록 시범 발음과 함께 각 성조 발음의 특징을 설명할 수 있어야 한다.

교사는 말의 종류 중에서 성조 변화의 현상을 이해하고 정통해야 하며, 성조 변화의 원인을 설명할 수 있어야 하고, 성조 변화의 정확한 발음을 명확하게 지적할 수 있어야 한다.

5. 경성과 권설음

교사는 중국어의 '경성(輕聲)' 음변 현상을 이해해야 한다. '경성의 성조 값(성조의 고저장단)'을 이해하고 의미 구별, 단어 구분의 작용을 이해해야 한다. 반드시 경성의 단어와 언어 환경(문맥)을 경성으로 읽어야 하고, 경성 음절의 색채와 말을 하거나 혹은 낭독 중에 어감의 표현에 대한 영향도 숙지해야 한다.

제2절

교사는 중국어 기초 어휘 지식에 정통해야 한다

어휘 수업은 중국어 교육의 기초이고, 중국어 지도의 전 과정을 관통한 다. 중국어 교사라면 반드시 단어의 구성과 각종 단어 조합 방식에 정통해 야 하고, 단어의 뜻과 의항(뜻풀이 항목)을 이해하고 유의어와 반의어를 정 확하게 구분할 수 있어야 한다. 기본 어휘, 일반 어휘, 상용 어휘 등에 정통 해야 하며, 회화 어휘와 서면어 어휘를 정확하게 사용하고 표준 어휘와 방 언 어휘를 구분하여야 하고 다양한 성구어를 숙지하고 관용어와 헐후어 등 숙어를 숙지해서 학생들이 정확하고 신속하게 어휘 지식을 습득할 수 있도록 해야 한다.

1. 교사는 단어 의미 구성과 의항을 숙지해야 한다

(1) 어의의 구성

어의에는 이성의와 부속의의 구별이 있다. 이성의는 단어가 가리키는 특정 개념이다. 부속의는 단어가 표현하는 형상 색채, 감정 색채 그리고 어체 색채이다.

교사는 단어의 이성의를 이해해야만 할 뿐만 아니라 단어의 부속의도 이해해야 한다. 반드시 '포의어', '폄의어' 그리고 '중성어'를 구분하는 능력을 구비해야 하고, 정확하게 언어 환경에 부합되는 각종 단어를 선택 사용하고 단어의 세밀한 차이를 구분하고 어감에서의 작용과 능력을 구별해야 한다. 학생들이 정확하게 여러 단어를 사용할 수 있고, 단어 사용 중 드러나는 각종 오류를 교정할 수 있는 지도 능력도 있어야 한다.

(2) 중국어 어휘의 구성

중국어 교사는 어떤 것이 기본 어휘, 일반 어휘, 상용 어휘, 고유어, 파생어, 고어(역사 단어와 문언문을 포괄한다), 신조어, 회화 어휘, 서면어 어휘, 표준어 어휘(보통화 어휘), 방언 어휘, 외래어 어휘(음역어와 의역어를 포괄한다)인가를 알아야 하고 어휘의 뜻을 해석할 수 있어야 한다. 특징과 용법을 잘 알고 사용 중에 나타나는 어휘 배합, 어휘 선택의 불합리 등의 오류를 가려내고 정확하게 교정해 줄 수 있어야 한다.

(3) 어휘의 의항

의항은 단어의 이성 의미의 항목을 분류하는 설명이다. 어휘는 단의어와 다의어로 분류한다. 교사는 다의어의 각 의항을 정확하게 이해해야 하며 단어의 본의, 기본의, 인신의(파생의), 비유의 등의 지식에 정통해야 한다. 또한 동의어, 유의어, 반의어, 동음어를 구분하고 분석하는 능력을 갖추어야 하고, 동의어, 유의어, 반의어, 동음어의 특징, 차이와 기능을 정확하게 설명할 수 있어야 하며, 학생들이 이런 단어들을 정확하게 사용할 수 있도록 지도할 수 있어야 한다.

2. 교사는 다양한 숙어를 숙지해야 한다

숙어는 풍부한 내용과 다채로운 형식을 지니고 있으며 사람들의 인식의 정도를 나타낸다. 중국어 숙어를 배우면 중국어 표현력을 향상시킬 수 있을 뿐만 아니라 중국 문화와 중국인을 이해하는 데 도움이 된다. 중국어 교사는 당연히 다양한 성어, 관용어와 헐후어를 숙지해야 하고 또한 응용 과정에서 자신과 학생의 소질을 향상시킬 뿐만 아니라 교수의 질도 향상시켜야 한다.

성어는 서면어 색채를 가지고 있는 고정 단어이며 간결한 어휘 속에 깊은 내용을 담고 있다. 잘 사용하면 언어를 간결하고 세련되게 할 수 있으며 표현 효과를 높일 수 있다. 그러나 응용 중에 교사는 성어 문자의 표면상의 의미와 실제 의미 그리고 성어 확정의 자형과 자음을 틀리게 쓰거나, 읽거나, 사용하는 것을 방지하기 위해서는 정확한 이해가 필수적이다.

관용어는 구어의 색채가 농후하고 간결하고 생동감이 있으며 통속적이어서 쉽게 이해가 되며, 교육에서 관용어를 적당하게 사용하면 학생들의 학습 흥미를 향상시킬 수 있다.

헐후어는 수수께기 문제 해답의 성질을 가지고 있으며 수업에서 적당하게 헐후어를 운용하면 언어가 생동감을 갖게 되어 활발해지고 학생들에게 깊은 인상을 남길 수 있으며, 학생들의 중국어 학습에 대한 흥미를 불러일으킬 수 있다.

제3절

교사는 중국어 어법 기초 지식에 정통해야 한다

어법 수업은 중국어 교육에서 중요한 구성 부분이다. 성인을 대상으로 중국어 교육을 할 때 어법은 각 단계, 각 단원을 반드시 모두 학습해야 할 내용이다. 때문에 교사는 반드시 전면적이고 계통적으로 중국어의 어법 체계, 어법 수단, 어법 규칙을 숙지해야 한다. 기본적인 어법의 중점을 숙지하고 각 단어의 기본 용법을 익히고 변이 용법에 숙달되어야 한다. 각종 구형, 문장과 문장성분을 정확하게 식별하고 그것을 교육과정에서 응용해야 한다.

어법은 형태학과 구성 방식(구법) 두 부분을 포괄한다. 형태학 부분으로는 어휘의 구성과 품사(명사·동사·형용사·수사·양사·대명사·부사 등)를 이해해야 하고, 형태학 부분에서 문장의 구성 규율과 유형에 대해 정통해야 한다.

1. 교사는 어휘의 구성과 조어 방식에 정통해야 한다

단어는 최소의 어의 결합체 어소(형태소)로 구성되고 독립적으로 운용되는 최소의 언어 단위이다. 단어는 단독으로 문장을 만들 수 있고 단독으로 문장성분이 되거나 혹은 단독으로 어법 의미를 표시할 수 있다.

단어는 어소(형태소)로 구성되고 형태소는 실형태소(어근)와 허형태소(접두사와 접미사)로 분류된다. 교사는 실형태소와 허형태소를 정확히 구분하고 단어의 구성 성분을 분석하는 능력이 있어야 한다. 교사는 단순어와 합성어를 구분하는 능력이 있어야 하고, 쌍음절 단어의 구성 방식을 알아야 한다.

합성어는 주로 복합식, 부가식, 중첩식 등의 3종 방식을 통해 구성되며, 그중에서 복합식은 가장 주요한 조어 방식이다. 복합식은 어근으로 복합되고 만들어지며, 복합 유형은 병렬형, 편정형, 보충형, 동빈(동사, 목적어)형, 주술(주어, 술어)형 등으로 구성된다. 부가식은 어근과 접두사와 접미사로 구성되고, 중첩식은 완전 중첩식과 불완전 중첩식의 2종류를 포괄한다. 교사가 단어의 구성 방식을 이해해야만이 학생들이 어의를 이해하고 단어의 기능을 익힐 수 있도록 지도할 수 있으며, 학생들이 새로운 단어를 기억하는 데도 도움을 줄 수 있다.

(1) 교사는 중국어 단어의 분류와 그 기능을 이해해야 한다.

중국어의 단어는 크게 실사와 허사 두 분류로 나눌 수 있는데, 실사는 명사, 동사, 형용사, 수사, 양사, 대명사, 부사, 구별사, 상황어 등 모두 9개로 세분하고, 허사는 개사, 접사, 조사, 어조사 등 4개로 세분한다. 그밖에 2개의 특수한 단어가 있는데, 즉 의성어와 감탄어이다. 실사는 어휘

의미와 어법 의미가 있으며 독립적으로 문장성분이 될 수 있다. 허사는 단순하게 어법 의미만 있고 단어가 문장 중에서의 각종 어법 관계를 표시한다.

체언과 술어 역시 단어 분류의 또 다른 방법이다. 교사는 중국어의 각 품사의 어법 특징과 어법 기능을 숙지해야 하고 중국어 단어의 동음 이의 현상과 기능 겸류 현상을 이해하고 정확하게 식별할 수 있어야 하며, 각 품사의 사용에서 나타나는 오류를 교정하고 분석할 수 있어야 한다.

(2) 교사는 중국어 단어의 구성과 분류를 알아야 한다.

중국어에서의 구(短语)는 어법 분석의 기본 단위이다. 그 구성 방식은 어법 결구의 기초이며 구의 기초 지식에 정통하다는 것은 어법 지식에 정통할 수 있는 관건이 된다. 때문에 교사는 반드시 구의 구성 방식, 구의 유형과 구의 특징을 확실하게 숙지해야 한다.

구(短语)는 명사단어, 동사단어, 형용사단어, 부사단어, 개사단어, 사자구(자유구) 등으로 나뉜다. 교사는 반드시 각 구의 어법 특징과 어법 기능을 이해하여야 하고, 정확한 해석과 설명을 할 수 있어야 한다.

구의 구성 방식으로부터 병렬 구성, 편정(偏正) 구성, 술빈(술어 목적어) 구성, 술보(술어 보어) 구성, 연동 구성, 겸어(兼語) 구성, 주어술어 구성, 부가 구성, 중첩 구성, 수량 구성, 동위 구성, 다중 구성 등의 유형으로 나눌 수 있다. 교사는 각 구의 구성 방식을 정확하게 이해하고 설명할 수 있어야 하며, 구성 단계를 분석할 수 있어야 한다.

(3) 교사는 중국어 문장의 구성과 분류를 잘 알아야 한다.

1) 문장의 분류

문장은 특정 구조를 가지고 있으며 상대적으로 완전한 뜻을 표현할 수 있는 하나의 언어 단위이다. 중국어의 문장은 단어 혹은 구로 구성된다. 문장은 문장성분상 주어와 술어 문장과 비주어 술어 문장으로 나눌 수 있으며, 구성상으로 보면 단문과 복문으로 나눌 수 있다. 문장 종류로는 서술문, 의문문, 명령문, 감탄문 등의 유형으로 나눌 수 있다.

주어와 술어구는 또 술어 성질에 따라서 명사성 술어문, 동사성 술어문, 형용사성 술어문, 주어 술어문 등으로 나눌 수 있다. 비주어 술어문도 그 구성 단어 혹은 구의 성질에 따라 명사성, 동사성, 형용사성, 감탄성 비주어 술어문으로 나눌 수 있다.

교사는 중국어의 각종 문장 형태의 구조, 특징, 기능 등을 숙지하고 언제나 각종 유형의 문장을 만들어 낼 수 있어야 한다.

2) 문장성분

문장성분은 바로 문장을 구성하는 각 성분이다. 단어 혹은 구의 내부의 조합 위치와 어의 관계에 따라서 결정되며 주어, 술어, 빈어(목적어), 관형어, 상황어와 보어 등의 6개 성분으로 나눌 수 있다.

교사는 문장의 각 성분을 가려내고 문장 구성 성분의 단계를 분석할 수 있어야 하며, 어법 성분의 구조 관계와 어의 관계를 설명할 수 있어야 한다. 또한 교사는 반드시 부동한 문장성분의 유형, 배열 순서와 어법 특징, 다른 문장성분으로 대체할 수 있는 품사, 수식 성분과 중심사의 관계, 수식 성분의 위치, 표지, 기능 등도 숙지해야 한다.

제4절

교사는 중국어 문자 지식에 정통해야 한다

한자는 중국어의 서체 도구이므로 중국어를 배우려면 반드시 한자에 정통해야 한다. 그러나 한자는 알아보기도 기억하기도 쓰기도 어렵고, 번체와 간체의 구별도 있어서 학생들에게 큰 심리적 부담이자 학습의 부담이 되기도 한다. 만약 교사가 한자 자체(字體)의 규율에 정통하다면 형상적이고 생동감 있게 교육을 진행할 수 있다. 한자 교육 방법을 숙지하면 학생의 어려움을 감소시킬 수 있을 뿐만 아니라 수업의 재미를 높여 주고 학습의 흥미를 향상시킬 수 있다.

1. 교사는 한자의 역사와 변천을 이해해야 한다

한자는 이미 3300여 년의 역사가 있으며 세계적으로 가장 오래된 문자 중 하나이다. 한자 자형은 갑골문(甲骨文), 금문(金文), 전서(篆書), 예서(隷書), 해서(楷書) 등 몇 개의 큰 변천 단계를 거쳤으며 그중에서 예서는 규범적인 자체이다. '예변'을 거쳐서 한자는 번체자에서 간체 추세로 나아가게 되었고, 자형 상형도 점차적으로 약해졌으며, 글자 수, 필획에서도 부단히 규범화되고 간소화되었다.

1956년 1월 중국은『한자간화방안』을 공포했고, 1964년 또『한자간화자총표』를 공포하였다. 편방, 동음 대체, 초서해화, 간단한 부호로 바꿔서 사용하기, 특징 혹은 윤곽 남기기, 새로운 형성자와 회의자를 구성하는 등 모두 6가지의 방법으로 간소화를 진행하였고, 간소화 문자 사용의 총수는 2,234자이다.

간체자는 중화인민공화국 현대 중국어의 법정 표준 서법이면서 번체자와 상대되는 문자이다. 중국 현행 한자는 간체자이고 번체자를 사용하지 않는다. 따라서 중국어 교사는 반드시 이 원칙을 이해해야 한다. 수업 중에는 간체자를 사용해야 할 뿐만 아니라 적극적이고 정확하게 간체자를 전수해야 한다. 교사는 한자의 조어법, 필획 구성, 필순 쓰기, 변천 개황, 규범 사용자 등에 대한 지식을 지녀야 하고 교육 활동에 사용해야 한다.

2. 교사는 한자의 조어 방법을 이해해야 한다

한자는 표의와 표음의 형태소 문자이다. 또 한자는 음의 결합체이다. 즉 하나의 한자는 하나의 음절이고 일반적으로 하나의 표의 단위이다. 한자는 그 모양을 보면 그 뜻을 알 수 있다고도 말한다.

한자는 형, 음, 의 3개의 요소를 포괄한다. 즉 쓰는 형식, 독음, 표시의 의미를 포괄한다. 한자의 조어 방법은 다음과 같다. 상형(象形), 지사(指事), 회의(會意), 형성(形聲), 전주(轉注), 가차(假借) 등 6종이 있다. 한자의 조어법을 습득해야만 교사는 한자의 구성을 자유자재로 분석할 수 있고, 한자의 뜻을 재미있게 해석하여 학생들이 쉽게 새로운 한자를 기억할 수 있도록 가르칠 수 있다.

교사의 지도하에 학생들은 한자 자형에 근거하여 독체 한자와 합체 한자의 자의를 배우고 형성자의 성부(声符)에 근거하여 한자의 독음을 유추할 수 있으며, 형성자의 의부(义符)에 근거하여 한자의 자의를 유추할 수 있다.

이처럼 하나를 보고 열을 배우는 교육 방법을 잘 이용하면 학생들의 한자에 대한 인상을 깊게 할 수 있으며, 한자를 배우는 믿음을 높여 주고 한자를 배우는 흥미를 향상시킬 수 있다.

3. 교사는 한자의 필획과 필순 그리고 한자 필획의 구조에 정통해야 한다

한자를 쓰는 데에는 일정한 규칙이 있다. 한자의 필획 순서를 파악하면 기억력을 향상시킬 수 있으며, 한자의 필순과 한자 필획의 구조를 파악하면 예쁜 한자를 쓸 수 있다. 교사는 한자의 필획, 필순, 필획의 구조 등의 지식을 정확하게 파악해야 한다.

한자의 필획은 가로, 세로, 점, 파임, 삐침, 꺾기 등 6종의 기본 필형과 가로 꺾기, 가로 삐침, 가로 갈고리 등 25종의 파생 필형이 있다. 이러한 필획은 '분리 관계', '상접 관계', '상교 관계' 등의 3가지 조합 방식에 따라 자형으로 구성된다.

한자의 자형은 네모형이다. 한 개 한자의 각 조성 부분은 하나의 네모형으로 완성되며, 때문에 필획 배합, 배열, 한자 조합의 형식과 규율을 강조하게 된다. 한자의 필획 구조는 독체자 구조와 합체자 구조를 포함한다. 합체자 구조에는 좌우 구조, 좌중우 구조, 상하 구조, 상중하 구조, 포위 구조 등 5종 형식이 있다. 포위 구조에는 또 양면 포위 구조, 삼면 포위 구조, 사면 포위 구조와 특수 구조가 있다.

교사가 한자의 필획, 필순, 한자 필획 구조 등에 정통하면 학생들이 한자를 정확하게 읽고 쓰게 되며 예쁜 한자를 쓰는 데 매우 중요한 역할을 한다.

제5절
....

교사는 한자 수사 지식에 정통해야 한다

수사는 문자구를 수식하는 것이다. 즉 언어를 사용하는 과정에 각종 표현 방식을 사용하여 언어가 정확하고 선명하며 생동감을 갖도록 한다. 즉 표현 효과를 강화하는 것은 언어에 대한 선택, 가공, 조정 등을 진행하는 활동이다. 수사는 단어의 선별, 구의 조정 그리고 수사격의 활용을 포괄한다. 수사는 심미의 원칙과 비교의 원칙에 따라야 한다.

교사가 중국어 수사 지식을 정확하게 알고 그것을 교육에 응용한다면 학생들이 중국어의 표현 기법을 배우고 중국어 회화와 서면 표현 능력을 향상시키도록 도울 수 있다. 학생들로 하여금 중국어 어감과 중국어의 음악미를 체험하도록 하고 중국어의 우수한 문장과 문학작품을 감상하는 능력을 향상시키도록 하면 학생들 자신의 소질도 향상시킬 수 있다.

1. 교사는 단어 선택의 지식을 숙지해야 한다

단어는 언어의 건축 자재이고 언어 표현의 기초이다. 언어 표현을 정확하고 간단명료하면서 연관되게 하려면 풍부한 어휘를 숙지해야 할 뿐만 아니라 정확하게 단어를 잘 사용할 줄 알아야 한다. 말하거나 혹은 문장을 쓸 때 어떠한 단어를 선택하고 사용하여 표현하는 것이 정확한 것인지 혹은 적합한 것인지가 관건이다. 단어의 뜻을 정확하게 이해해야 하고, 단어의 감정 색채와 어체 색채를 체득해야 할 뿐만 아니라 단어 음절의 배합을 고려해야 한다. 그렇게 되면 말 혹은 문장의 정확도와 표현력을 향상시킬 수 있다.

말을 하든 문장을 쓰든 교사는 반드시 자신의 말 혹은 문장 속 단어의 뜻을 확실하게 이해하고 사용해야 한다. 미세한 차이의 동의어, 유의어를 분별하는 능력이 있어야 학생들이 단어의 뜻을 명확하게 알고 차이를 분별하고 어감과 각종 색채를 체감할 수 있도록 정확하게 지도할 수 있으며, 단어 사용에서 최상의 선택을 하도록 지도할 수 있다.

(1) 단어의 감정과 어체 색채를 체험하고 단어 음절의 배합을 고려해야 한다.

단어에 대한 선택에서 단어의 뜻을 정확하게 이해해야 할 뿐만 아니라 감정 색채와 어체 색채를 포괄한 단어의 색채에 주의해야 한다. 감정 색채의 단어를 정확하게 선택하여 사용하면 자신의 사물에 대한 입장, 태도 표시를 보다 선명하고 강렬하게 할 수 있다. 만약 이러한 점에 주의하지 않고 부적절한 단어를 선택하게 되면 자신의 생각과 감정을 잘 표현할 수 없으며 심지어 오해를 야기할 수 있게 된다.

어체 색채는 단어가 서로 다른 어체에 적용되는 풍격 색채를 가리키는 것이고, 단어의 뜻에 반영된 단어의 어체 경향, 특징, 낙인 등이다. 어체 색채는 크게 구어 어체와 서면 어체의 두 부류로 나눌 수 있는데, 서면 어체는 다시 문예어체, 과기(科技)어체, 정론어체, 공문어체 등으로 나눌 수 있다. 회화용 단어는 통속적이고 쉽게 이해되고 생동감이 있다. 서면 언어용 단어는 장엄하고 우아하고 짜임새가 엄밀하다. 일부 전문적인 단어들은 특정 문체에만 적용한다. 만약 단어의 어체 색채에 주의하지 않아서 부적절하게 사용했다면 사람들로 하여금 조화롭지 못하다고 느끼게 할 것이다.

어체와 관련하여 교사의 풍부한 지식만이 학생들이 중국어 어감에 익숙하도록 가르칠 수가 있고, 학생들로 하여금 다른 상황에서 정확한 중국어 단어를 사용하여 중국어 회화를 할 수 있게 교육할 수 있다.

(2) 단발 음절의 배합을 고려해야 한다.

단어를 선택함에 있어서 그 단어의 의미를 파악해야 할 뿐만 아니라 단어 색채에 주의하고 또한 단어의 음절 배합을 고려해야 한다. 중국어의 성운의 미, 리듬(박자)의 미를 발휘하여 듣기 좋고 읽기도 편해야 한다.

한 문장 내에서 단어 음절의 균형에 주의해야 한다. 쌍음절 단어는 일반적으로 단음절과 단음절 배합이고, 사음절 단어는 쌍음절과 쌍음절 배합이다. 이렇게 음절이 서로 바른 대칭이 되게 하여 발음의 박자감을 증강시킨다.

교사는 중국어가 기타 언어와 비교하여 박자감이 특히 강하고 농후한 음악 분위기가 있으며 강력한 감화력이 있다는 것을 잘 알아야 한다. 교실 교육에서뿐만 아니라 과외 지도 과정에서도 교사는 모두 중국어의 음악미 표현에 주의해야 하고, 중국어의 감화력으로 학생들의 중국어 학습에 대한 흥미를 이끌어 내고 중국어를 배우려는 열정을 불러일으켜야 한다.

2. 교사는 문장 격식 선택의 지식에 정통해야 한다

말 혹은 문장에서 각종 언어 환경의 문장 격식, 장문과 단문, 완전한 문장과 분산구(分散句), 구어 문장 격식과 서면어 격식 등을 적절하게 선택 사용해야 한다.

장문이란 형체가 길고 단어 쓰임이 많고 결구가 복잡한 문장이다. 이런 문장은 서로 관련된 사물을 연결시킬 수 있으며, 그 수사 효과는 주로 뜻이 빈틈없이 엄밀·정확하고 세밀하며 기세가 있고 유창하다.

단문이란 형체가 짧고 단어 사용이 적고 구조가 간단한 문장이다. 그 수사 효과는 주로 뜻이 간결 명료하고 날카롭고 힘이 있다.

정구(整句, 완전한 문장)는 구조가 같거나 혹은 유사한 한 쌍 혹은 한 줄로 된 문장을 가리킨다. 그 수사 효과는 소리가 잘 어울리고 기세가 있고 유창하고 뜻이 분명하며 인상이 깊다.

분산구(分散句)는 문장 구조 형식이 다르고, 장단이 같지 않으며 특별히 같은 단어로 배열하지 않아도 된다. 분산구는 자유롭고 형식이 다양하며 음절 차이가 일정하지 않고 그 수사 효과가 변화무쌍하여 어구의 단조로

움과 따분함을 피할 수 있다.

구어의 문장 구조는 비교적 간단하고 구성도 간단하다. 문장 구조는 융통성이 있고 다양한 변화를 보이고 수사 효과는 간결, 활발, 자연스러움이다.

서면어 문장 구조 구형은 비교적 길고 구성이 복잡하며 대다수는 성분이 확대되고 어군에 종속되며, 순서가 많고 연결어를 자주 쓰며 표의는 엄격하고 완전하다. 그 수사 작용은 주로 엄격, 조밀, 우아함이다.

송구(松句)란 결구가 딱딱하지 않고 완만하게 조직된 문장이며, 긴구(緊句)는 결구가 빈틈없이 잘 짜인 문장이다. 긴구 용량은 크고 구성이 엄밀하며 표의가 치밀하다. 반면에 송구는 이치를 따지거나 혹은 사물의 상황을 진솔하고 자연스럽게 진술하는 데 도움이 된다.

3. 교사는 각종 수사격 지식에 정통해야 한다

교사는 대구, 대비, 비유, 비교, 대차, 연관, 과장, 쌍관(雙關), 반어, 점진, 정진(顶真), 순환(回环), 어울림(映衬), 반복, 설문, 반문 등 흔히 있는 중국어 수사격을 정확하게 이해해야 하며 특히 '대비', '대구' 등에 정통해야 한다.

중국어 수사는 질서 정연한 대칭을 기본으로 하며 무질서한 것을 보조적으로 한다. 중국어의 어소는 단음절이 위주이고 단어는 단음절과 쌍음절이 기본이다. 중국어는 비형태적 언어이고 단어 형태 변화의 구속이 없다. 이로 인해서 언어 단위 조합은 유창하고 쉽게 동일 자수에 구조가 평이한 음절 압운의 어구 조합을 쉽게 형성하며, 간결한 언어 구조를 갖출 수 있고 뚜렷한 수사 효과를 나타낸다.

훌륭한 중국어 연설문 혹은 문장에서는 열거법과 대구법이 비교적 많이 사용된다. 그것은 단어의 선용, 배열, 조합 과정에서 단어와 단어의 음절 배합을 고려하여 언어의 균형미에 주의했기 때문이다. 열거법과 대구법은 중국어에서 수사 효과의 우선 선택 문장 형식이다.

대구는 상하문의 구분이 있고 상하문 글자 수가 동일하고 뜻이 비슷하거나 혹은 상반되어 대응 위치 어휘의 품사가 상대적이고 구조가 같으며, 평측이 상대적이며 글자 사용을 중복하지 않는 등의 요구가 있다. 열거법은 각 분구(分句, 복문을 구성하는 단문)의 의미가 관련 혹은 서로 근접되고, 구조가 같거나 혹은 서로 유사하며 박자가 같고 어기가 비슷하여 낭독하면 압운미를 느낄 수 있다.

반복도 중국어 음악미를 강화하는 수사 수단이며, 생각을 드러내 감정을 강조하고 순서를 분명히 하며 리듬감의 수사 효과를 강화한다. 강렬하고 농후한 생각과 감정을 표현하는 곳에서 주제를 강조하고 선율미를 증강시키는 역할을 한다.

교사가 이러한 수사 지식을 갖춘다면 자신의 언어 표현력을 향상시키고 생동감 있고 감화력이 넘치게 할 수 있으며, 자연스럽게 중국어의 수사 효과를 표현해 낼 수가 있다. 중국어의 음악미가 저절로 흘러나오면 학생들의 주의를 이끌어 내고 감화시켜 학생들의 중국어에 대한 흥미를 유발하며, 중국어의 어감을 양성하여 학생들이 중국어의 수사 효과를 배우고 느끼게 할 수 있다.

Chapter

03

한국어 기본 지식

제대로 알아보는 국제 중국어 교사 자격

제1절

교사는 한국어의 발음과 문자 지식에 정통해야 한다

한국어는 한국 학생의 모국어이고 한국어의 발음, 어휘 및 어법은 그대로 한국 학생들의 중국어 학습에 영향을 미치고 긍정적이든 부정적이든 각종 변이 현상을 초래할 수 있다. 때문에 한국 학생이 교육 대상이 되는 중국어 교사는 마땅히 한국어의 발음, 문자, 어휘, 어법 등 각 부분의 기본 지식에 정통해야 한다. 그래야만 모국어의 영향으로 나타나는 한국 학생들의 각종 오류를 정확하게 판단할 수 있으며, 아울러 맞춤형 지도와 교정 및 목적에 부합되는 교육을 할 수 있다.

한국 문자는 '한글'이라는 표음문자이다. 한국어는 조선(1392~1910) 시대 제4대 세종대왕(1418~1450년 재위)과 집현전 학사들에 의해 창제되었다. 당시의 명칭은 '훈민정음'이다. 1446년(세종28년)에 정식으로 반포되었다.

현재 사용하는 한국어는 모두 40개의 자모가 있으며 음부(音符)이자 또한 문자이다. 그중 모음은 21개이고, 자음은 19개이다.

모음은 ㅏ ㅓ ㅗ ㅜ ㅔ ㅐ ㅚ ㅟ ㅡ ㅣ 등 10개 단모음과 ㅑ ㅕ ㅛ ㅠ ㅖ ㅒ ㅘ ㅝ ㅢ ㅙ ㅞ 등 11개 이중모음으로 이루어져 있다. 단모음은 발음 시 혀의 위치와 입술 모양이 변하지 않지만, 이중모음은 발음 시 혀의 위치와 입술 모양이 변화한다.

　19개의 자음은 발음부위에 따라서 순음, 치조음, 경구개음, 연구개음, 후음 5종으로 나뉜다. 발음 방법에 따라서 파열음, 마찰음, 파찰음, 비음, 유음 5종으로 나뉜다. 성대가 진동하는가에 따라서 유성음과 무성음으로 나뉘며, 발음 부위의 긴장도에 따라서 예삿소리, 된소리와 거센소리로 나뉜다.

　한국어의 음절은 일반적으로 초성(첫소리), 중성(중간음), 종성(끝소리) 3개 맞춤법에 따라 읽으면 된다. 초성은 자음에, 중성은 모음에, 종성은 자음에 해당한다.

　한국어는 16개의 홑받침과 쌍받침(ㄱ ㄴ ㄷ ㄹ ㅁ ㅂ ㅅ ㅇ ㅈ ㅊ ㅋ ㅌ ㅍ ㅎ ㄲ ㅆ), 그리고 11개의 겹받침(ㄳ ㄺ ㄵ ㄶ ㄽ ㄾ ㅀ ㄻ ㅄ ㄼ ㄿ)으로 구성되며, 독음은 7개뿐이다.

　한국어 음절 유형은 모음으로 이루어진 음절, 모음+자음, 자음+모음, 자음+모음+자음의 4가지 유형으로 나뉜다.

　한국어의 음변 현상은 연음 음변, 모음 동화, 유기음, 긴장음, 구개음, 받침 동화 등의 유형을 포괄한다.

제2절

교사는 한국어 어휘 지식에 정통해야 한다

　한국어 어휘는 기본 어휘의 역사가 유구하고 어의가 안정되고 일반 어휘의 구성 성분은 복잡하며, 상용 어휘는 새 단어를 빨리 받아들이는 등의 특징을 가지고 있다. 한국어 어휘는 경어 체계와 의성·의태어가 발달하였고, 감각을 나타내는 부분의 단어가 발달하였으며 어법 관계를 표시하는 조사, 접미사 등이 발달되었다. 한국어 중에는 대량의 한자어가 존재하고 또한 사자성어도 있으며, 이 부분의 단어와 중국어는 혼동을 일으키기 쉬우므로 교사는 반드시 교육 상황에서 주의를 해야 한다.

　교사는 마땅히 한국어 어휘의 체계를 잘 알아야 하는데, 한국어 어휘 체계는 일반적으로 '3중 체계'라고 볼 수가 있으며 고유어, 한자어, 외래어 등이 여기에 해당된다.

　고유어는 고대부터 줄곧 사용되어 온 순 한국어 어휘이고 한국어 어휘의 기초이다. 한자어는 한국어 어휘 체계 중 고유어를 제외한 나머지 또 다른 주요 어휘 구성 부분이다. 한국어 어휘 체계 중에 60% 이상이 한자어이다. 외래어는 영어 등 서방 언어로부터 흡수된 음역어이다.

　고유어는 일상용어에서 많이 사용되며, 한자어는 서면체에서 많이 사용되고, 외래어는 고유 명칭 혹은 전문 술어로 많이 사용된다.

한국어의 한자어와 중국어의 단어 간에는 동형 동의, 동형 이의, 이형 이의 등의 관계가 존재하고 있다.

1) '동형 동의'는 형태와 뜻이 같거나 혹은 서로 근접한 단어를 가리킨다. 대개의 명사, 동사, 형용사, 수량사는 이 부류에 속한다. 예를 들면 '학교', '도서관' 등.

2) '동형 이의'는 형태가 같고 뜻이 다른 형태를 가리킨다. 예를 들면 '汽车(기차, 중국어 : 자동차)'는 한국어에서 '火车(중국어 : 기차)'의 뜻이고, '功夫(공부, 중국어 : 시간, 틈, 실력, 무술, 능력)'는 한국어에서는 '学习[배우다]'의 뜻이다.

3) '이형 이의'는 형태와 뜻이 모두 다른 단어를 가리킨다. 예를 들면 '绍介(중국어 : 소개하다 / 한국어 : 소개)', '感气(중국어 : 분노를 느끼다 / 한국어 : 감기)', '看护士(중국어 : 간호원을 보다 / 한국어 : 간호사)', '同生(중국어 : 함께 살다 / 한국어 : 동생)' 등이 있다.

한국어의 한 개 단어가 한자어의 다양한 단어와 대역 관계를 이룰 수 있다. 즉 하나의 고유어와 많은 한자어가 서로 대응한다. 아래의 여러 개 한자어는 고유어로 모두 '고치다'로 통한다.

(건물을) 수리하다, (옷을) 수선하다, (병을) 치료하다, (잘못을) 시정하다, (정책이나 진로를) 수정하다, (세법을) 개정하다, (제도를) 개혁하다, (기록을) 경신하다, (구조를) 개조하다, (낡은 건축물을) 개수하다… 등.

한자어는 한국 학생이 가장 쉽게 혼동하는 부분이고 그것은 한국 학생들이 중국어를 배울 때 편리함도 주지만 또한 방해가 되기도 한다. 때문에 교사는 한국어 어휘에 대해서 어느 정도의 이해가 있어야 하고, 특히 한자어의 구성, 특징 그리고 각종 유형 부분의 지식이 있어야 한다. 교육에서 대비를 이용한 방법은 단어 뜻과 언어 환경의 같은 점과 다른 점을 명확하게 해석하는 데 편리하게 하기 위함이고, 학생들이 단어의 뜻과 사용 언어 환경을 명확히 알고 제때에 장애를 없애도록 도와주기 위함이다.

한국어 어휘에는 표준어와 방언(사투리)의 차별이 있고, 표준어는 서울말을 기준으로 하고 방언에는 경상도 방언, 전라도 방언, 제주도 방언 등이 있다. 한국어에는 풍부한 성어가 있는데 대부분은 중국의 고사성어에서 왔다. 예를 들면 '각주구검(刻舟求劍)', '우공이산(愚公移山)' 등이다. 한국어의 성어는 사자결구 이외에도 두 개 음절 혹은 세 개 음절의 성어들도 적지 않다. 그밖에 한국의 고사성어 중에는 부분적으로 한국 내에서 기원된 고사도 있다. 예를 들면 '함흥차사(咸興差使)' 같은 것이다. 교사는 중국어 성어를 교육할 때 한국어 성어와의 구분에 주의해야 한다.

제3절

교사는 한국어 어법 지식에 정통해야 한다

한국에서 국제 중국어 교육에 종사하는 교사는 한국어의 발음 문자 지식과 어휘 지식을 이해해야 할 뿐만 아니라 한국어의 어법 지식에 대해서도 어느 정도 이해가 있어야 한다. 한국어의 기본 어법 지식에 정통하면서 두 언어의 어법이 어떻게 다른지를 알아야 한국인에게 중국어 어법을 강의할 때 더욱 학습자의 특성에 맞게 할 수 있다. 구체적으로 말하면 교사는 먼저 한국어 단어의 구성과 품사를 이해해야 한다.

한국어 단어의 구성은 대체로 단일어와 복합어 두 종류가 있다. 단일어는 분할할 수 없이 단일하게 구성된 단어를 가리킨다. 복합어는 그것과 상반되게 여러 성분이 결합하여 형성된 단어를 가리킨다. 복합어는 파생어와 합성어로 나눌 수 있다. 파생어는 어휘 형태소 뒤에 접사가 첨가되어 구성된 단어이고, 합성어는 어근이 되는 어휘 형태소가 서로 결합하여 조성된 단어를 가리킨다.

한국어 품사 체계는 체언, 용언, 수식언, 독립언, 관계언으로 구성된다. 체언은 명사, 대명사, 수사를 가리키며 문장에서 주로 주어, 목적어, 보어를 담당한다. 용언은 동작을 나타내는 동사와 사물의 양태를 나타내는 형용사를 가리키며 주로 술어로 사용된다. 수식언은 관용어와 부사를 가리키며, 관용어는 주로 체언을 수식하고 부사는 주로 용언, 관형어 혹은 기타 부사를 수식한다. 독립언은 문장 내 기타 성분과 관련 없이 독립 작용을 발휘하는 감탄사를 가리킨다. 관계언은 문장 중에서 체언과 용언 관계를 결정하는 조사이다. 그중에는,

- 주격 조사 : '이/가, 께서'
- 목적격 조사 : '을/를'
- 보조격조사 : '은/는, 도, 만' 등
- 부사격 조사 : '에, 에서, 으로, 와' 등
- 서술격 조사 : '이다'
- 관형격 조사 : '의'
- 호격 조사 : '야'

등이 있다.

교사는 또한 한국어의 구성 방식과 문장의 구성에 대해 알아야 한다. 한국어의 문장 구성은 필수 성분과 부속 성분을 포괄한다. 주어, 술어, 목적어, 보어는 필수 성분이고, 관형어, 상황어(부사), 독립어는 부속 성분이다. 한국어의 문장도 단문과 복문으로 나누고 복문은 이어진문장과 안은문장으로 나뉜다. 이어진문장의 경우 대등적으로 이어진문장과 종속적으로 이어진문장으로 나뉜다. 이것은 중국어의 문장성분 그리고 구성과 대동소이하다.

그밖에 교사는 한국어와 중국어를 서로 비교했을 때 어법에서 주요하게 어떤 구별점이 있는지를 잘 알아야 한다.

1. 한국어는 알타이어계에 속하며 알타이어계 언어가 기타 언어와 구별되는 중요한 특징은 교착성이다. 교착어 유형의 언어는 어간 뒤에 다양한 어미가 붙을 수 있으며 어의가 변화되어 표현되는 것이다. 예를 들면, '가다'는 '갑니다, 갑시다, 가십시오, 가요' 등으로 표현될 수 있다. 그래서 한국어에서 어미는 아주 중요하다. 중국어는 한장(漢藏)어계에 속하며 고립어 유형이다. 때문에 중국어의 단어에는 조사, 어미, 접미사 등에 의한 변화법이 없다. 주요하게 단어 순서에 의해 문장 중에서 각 단어 간의 관계로 표시하는데, 즉 각 단어의 문장에서의 위치가 어법 기능이다. 하지만 한국어는 조사, 어미, 접미사 등에 의해서 각 단어가 문장에서의 위치와 어법 기능을 대체한다.

2. 한국어의 어법 결구는 '주어+목적어+술어[SOV]' 구조이며 중국어의 '주어+술어+목적어[SVO]' 구조와는 다르다. 즉 중국어의 어순은 일반적으로 빈어(목적어)를 술어의 뒤에 두지만 한국어는 목적어가 앞에 있으며 술어는 문장의 가장 뒤에 둔다. 즉 '주어 – 목적어 – 술어'의 순이다. 그래서 초급 학생은 모국어의 영향을 받아서 자신도 모르게 어순 오류의 문장을 만들게 되는데, 교사가 한국어의 어순을 잘 숙지하는 것이 학생을 지도하고 교정하는 데 도움이 된다.

3. 한국어는 비교적 발달된 경어 체계를 가지고 있고, 한국어 경어의 요소는 주로 존경 어미(시/으시), 접미사(-님), 주격 조사(-께서), 여격 조사(-께), 어휘(주로 명사, 동사, 형용사, 양사, 부사를 포괄한다) 등이다. 한국어는 구어에서 화자(말하는 자)와 청자(듣는 자) 간의 서열(선후배), 상하 관계, 연령, 성별 관계에 따라 엄격한 예절 관계를 표현한다. 한국어의 계층 관계를 잘 숙지하지 못하면 실례를 범하게 되어 좋지 않은 영향을 일으킬 수 있다. 교사는 한국 학생 지도 시에 반드시 이 부분에서 중국어와의 차이점에 주의해야 한다.

4. 중국어는 어떤 때는 일부 개사를 통해서 각 단어 간의 어법 관계를 표시하고 이때 개사는 단어의 앞쪽에 둔다. 그러나 한국어의 규칙은 접미사를 사용해서 각 단어 간의 어법 관계를 표시한다. 한국어에서 접미사는 반드시 단어의 뒤쪽에 온다.

개괄적으로 말하면 한국어 어법 지식을 이해하고 숙지하는 것은, 한국어와 중국어의 다른 어법에 대한 비교로 교사들이 한국인의 모국어 어법 습관으로 인해서 야기되는 중국어 어법 오류를 분석하고 연구하는 데 도움이 되며, 교사가 중국어 어법 교육에서의 어려운 점과 중요한 점을 파악하여 어법 착오의 근본 원인을 분석하고 제때에 어법 착오를 교정해 주면 중국어 교실 교육의 효과를 향상시키는 데 도움이 된다.

Chapter

04

한중 문화의 기본 지식

제대로 알아보는 국제 중국어 교사 자격

제1절

교사는 중국 문화의 개황을 알아야 한다

유능한 중국어 교사가 되려면 반드시 풍부한 중국 문화 지식이 있어야한다. 중국의 지리 위치, 자연환경, 사회현상, 정치체제, 행정구역, 중국표지, 경제개혁, 교육 개황, 인구 민족, 종교 신앙, 전통 명절과 풍속, 음식과 복장, 혼례 장의 민속, 문학 예술 등을 이해해야 한다. 아울러 교수를 결합하여 항상 중국 국정과 문화를 소개하고, 중국 문화에 대한 학생들의 흥미를 유발시키고 중국의 언어와 함께 중국의 문화도 전파해야 한다.

1. 교사는 중국 국정의 기본 지식이 있어야 한다

교사는 중국의 국호, 건국 연대, 수도, 국가, 국기와 국휘의 구성 그리고각 구성 성분이 대표하는 상징적 의미를 학생들에게 정확하게 소개할 수있어야 한다.

교사는 중국의 행정구역, 즉 성급 행정구를 포괄해서 모두 23개 성, 4개직할시, 5개 민족 자치구, 2개 특별 행정구를 포괄한다는 것을 알아야 한다. 제1급으로 성, 자치구, 특별시와 홍콩, 마카오 특별 행정구가 있으며,

제2급으로 지구, 맹, 자치주, 지역급 시가 있고, 제3급은 현, 자치현, 자치시, 현급시이며, 제4급은 향, 민족향, 진, 자치기, 가도판사처 등이다.

교사는 중국의 인구와 민족에 대한 지식이 있어야 한다. 중국은 세계적으로 인구가 가장 많은 국가이다. 2017년 국가통계국에서 공포한 전국 인구 조사 통계에 의하면 전국 총인구는 1,382,710,000명이고, 그중에서 홍콩 인구는 7,389,500명, 마카오 인구는 648,400명, 대만 지역 인구는 23,556,169명이다.

중국은 56개 민족으로 구성된 다민족 국가이다. 그중 한족이 91.5%를 차지하고 55개 소수 민족은 8.5%를 차지한다. 중국은 민족 평등, 민족 단결, 민족 구역 자치와 각 민족의 공동 번영을 기본으로 한 민족 정책을 실시한다.

교사는 중국의 정치체제도 잘 알아야 한다. 중국의 영도 기구로는 전국인민대표대회, 국가주석, 국무원, 군사위원회, 최고인민법원과 최고인민검찰원이 있다.

전국인민대표대회는 중국 최고 국가 권력기관이고, 국무원은 최고 국가 행정기관이라는 것을 알아야 한다. 중국은 사회주의 제도의 국가이고 중국공산당이 모든 것을 영도하며, 인민 민주주의를 실행하고 국가기구의 조직 원칙은 민주집중제이다.

2. 교사는 중국 전통문화의 기본 지식에 정통해야 한다

중국 전통문화는 중화 민족이 중국 고대사회로부터 형성·발전시켜 온 비교적 안정된 문화 형태이며, 중화 민족 지혜의 결정체이고 중화 민족의 역사 유산이 현실 생활 중에서 드러난 모습이다.

교사는 중국 전통 명절과 각 지역의 풍속 습관을 알아야 한다. 중국의 전통 명절 형식은 다양하고 내용이 풍부하다. 지금까지 전해 내려 온 중국 전통 명절은 아주 많은데 그중에서 현재 국가 법정 휴일로는 '구정, 청명절, 단오절, 중추절(추석)' 등 4개의 명절이 있다.

구정(음력 정월 초하루)은 음력 새해 첫날이며, '大年(따니엔)' 또는 '大年初一(따니엔 추이)'라고 부른다. 북방의 풍속은 주로 까치설날을 쉬며 폭죽을 터뜨리고 대련을 붙이고 세배를 하고 물만두를 먹는다. 그러나 남방 각 지역 풍속은 다소 다른 점이 있다. 남방인은 구정에 니엔까오(年糕, 떡)을 하고 쫑즈(粽子)를 만들고 탕위엔(汤圆, 찹쌀 올갱이)을 끓이고 쌀밥을 먹는다. 물만두는 형태가 '元宝(위엔바오)'와 비슷하고 '年糕(니엔까오, 떡)' 음은 '年高(니엔까오)'와 유사하며 한자어의 음은 모두 운수대길을 바라는 상서로움을 뜻한다.

청명절(양력 4월 5일 전후)은 중국의 가장 중요한 제사 명절이고 성묘를 하는 풍습이 있다. 고인을 기리며 성묘할 때 사람들은 술과 음식, 과일 등을 준비하고, 종이돈 등 제례 물품을 가져가며, 음식물로 고인의 묘 앞에 제례상을 차리고 제사를 지내며, 종이돈을 태우고 묘지에 새 흙을 더 얹는다. 연한 녹색의 새싹 가지를 꺾어서 무덤에 꽂고 절을 하여 제례를 갖추며 마지막으로 제사 술과 음식물을 먹고 귀가한다.

단오절(음력 5월 5일)에는 쫑즈(粽子)를 먹고 용선 경기를 하고 쑥을 매달아 액막이를 하는 등 풍습이 있다.

중추절(음력 8월 15일, 추석)에 중국인은 월병을 먹는 풍습이 있다. 중추절 저녁에 사람들은 각종 월병과 과일, 음식 등을 준비해서 정원에서 달을 감상하면서 먹는다.

한국에서도 이러한 전통 명절이 있다. 교사는 한중 양국의 다른 명절 풍습을 알아야 하고, 중국의 특색 있는 명절 활동과 중국인의 이러한 전통 명절에 대한 관념을 정확하게 소개해야 한다.

3. 교사는 중국 각 지방의 음식과 복장 문화를 알아야 한다

중국은 국토가 광활하고 자원이 풍부하다. 각 지방의 기후, 자원, 풍습이 서로 다르며 음식에서도 다양한 유파를 형성하였다. 중국에는 '南米北面'의 유행어가 있다. 음식 맛으로는 '南甜北咸东酸西辣(남방은 달고 북방은 짜고 동부는 시고 서부는 맵다)'의 구분이 있다. 주요하게 사천(四川)요리, 산동(山東)요리, 회양(淮陽)요리, 광동(廣東)요리 등 4대 요리로 분류한다.

중국의 음식 문화에서는 요리의 색채 배합을 강조하여 밝고 아름다운 그림과 같은 분위기를 창출하고 또 식탁의 분위기와 어울리는 정취를 곁들여야 한다. 이는 중화 민족의 개성과 전통이며 또한 중화 민족 전통 예의의 뚜렷한 표현 방식이다. 요리 풍격이 다양하고 사계절의 구별이 있으며 미감을 강조하고 정취를 중요시하며 건강식품을 결합하는 것이 중국 음식 문화의 주요 특징이다.

이외에도 교사는 중국 각지의 혼례·장례 풍습 등을 알아야 하고, 고금 혼례, 장례 풍습의 변화를 알아 두는 것이 좋다. 교사는 중국 역사상의 중대 사건과 주요 인물을 이해하고, 중국의 문화유산과 주요 발명을 알아야 하고 일정한 문학적 소양 또한 갖추어야 한다. 유명한 시인, 작가, 화가, 발명가 들과 그들의 작품, 성과 등도 알아야 한다. 그래야만 교육 중 자신의 문화 지식을 발휘하여 교육 내용이 풍부해지고 교육의 질을 향상시키는 경지에 이를 수 있다.

제2절

교사는 한국 문화의 개황을 알아야 한다

　　한국에서 교육하는 중국어 교사는 한국의 역사와 문화를 알아야 하고 한국 사회의 특징, 한국인의 관념과 사유 방식, 한국의 풍속 습관, 생활 예절, 종교 신앙, 금기 등을 알아야 한다. 또한 한국의 정치체제, 경제상황, 문학 예술 등과 한중 교류의 역사와 현황 등을 이해하고, 한국인의 중국에 대한 인식을 이해함은 물론 한류(韓流)와 중국풍(漢流)을 이해하고 한국의 음식 복장 문화, 여가 문화 등을 이해해야 한다. 아울러 이러한 지식을 언어 교육 실천 중에 응용해야만이 한국 학생들과의 거리가 좀 더 가까워지고, 스승과 학생과의 감정이 깊어지며 교육의 질을 향상시킬 수 있다.

1. 교사는 한국의 국가 상황을 알아야 한다

　　한반도는 수천 년의 역사 변천을 겪으며 역대 왕조(朝代)와 정권의 교체를 경험했다. 한반도 민족은 외세의 침략에 저항하고 국가를 보위하고 새 생활을 이룩하는 과정에 6.25 한반도 전쟁을 겪었으며 국토가 북부의 조선민주주의인민공화국과 남부의 대한민국으로 분단되었다. 오늘도 한민족은 민족의 통일을 위해서 부단히 노력하고 있으며 동시에 남북 간 충돌 발생에 고도의 경각심을 가지고 있다.

한국의 총칭은 '대한민국'이고, 지리적 위치는 아시아 대륙 동북부의 한반도가 북쪽에서부터 남쪽으로 뻗어 있으며, 남·동·서 삼면이 바다로 둘러싸여 있는데 북부는 중국 대륙과 러시아와 접경해 있으며, 동부는 동해를 사이에 두고 일본과 마주하고 있다. 한국의 국토 면적은 100,210km² 이고, 한국 국기는 '태극기', 한국 국가는 '애국가', 국장은 활짝 핀 '무궁화' 이고 꽃잎 중앙에 붉은색과 남색의 음양도가 있다.

한국에는 경제 수도 서울특별시와 행정 수도 세종특별자치시 두 개의 수도가 있다. 서울특별시의 면적은 605.2km², 인구는 9,851,767명이고 25개의 구로 이루어져 있다. 반면에 세종특별자치시는 464.87km² 면적에 283,198명의 인구로 이루어져 있다.

이외에도 6개의 광역시(부산, 인천, 대구, 대전, 광주, 울산), 8개의 도(경기도, 강원도, 충청북도, 충청남도, 전라북도, 전라남도, 경상북도, 경상남도)와 1개의 특별자치도(제주도) 등 16개의 광역 자치단체가 있다. 광역 자치단체 이하의 2급 행정구역은 기초 자치단체라고 하며, 전국에는 모두 73개의 자치시, 86개의 군, 69개의 자치구가 있다. 기초 자치단체 산하에 읍, 면, 동으로 나뉘어지고 다시 리, 통 그리고 최하위 기구에는 반이 있다.

한국은 단일민족 국가이다. 그러나 최근에는 한국에 국제 혼인이 늘어나면서 결혼 이민의 외국인도 많아지고 그렇게 조성된 다문화 가정은 이미 적은 수가 아니다.

대한민국 행정안전부 통계에 의하면 2017년 1월말 한국 총인구 수는

51,779,148명이다. 그중 약 5분의 1의 인구(9,851,767명)가 서울특별시에 집중되어 있다. 1948년 8월 대한민국이 수립된 이래 한국 경제는 급속하게 발전했다. 가장 낙후된 나라에서 일약 OECD에 가입된 선진국으로 도약했고, 대만, 홍콩, 싱가포르 등과 함께 '아시아의 네 마리 용'이라고 불렸다.

한국 투자증권 회사의 2012년 12월 30일의 통계에 의하면 한국 인구당 평균 GDP(국내생산총액)가 22,705달러이다. 국제통화기금(IMF)이 발표한 세계 경제 전망 자료에 의하면 2030년 한국인 평균 국내생산총액은 일본을 초월할 것이라고 한다.

한국은 자유민주주의 국가이며 다당 협력 집권을 실행한다. 더불어민주당과 자유한국당(전 새누리당)은 한국의 양대 정당이고 한국 정치의 좌우 세력이다. 한국의 국가원수는 대한민국 대통령이다. 대통령은 한국 국민이 직접선거로 선출하며 임기는 5년 단임제이다. 한국 대통령은 한국 군대의 최고 통수권을 가지고 있다. 국무총리는 대통령이 임명하고 한국 국회에서 비준한다. 한국 국회는 모두 300명으로 구성되며, 매회 임기는 4년이고 그중의 246개의 의석은 소선거구제로 선출되며 나머지 54석은 비례대표제로 선출된다.

2. 교사는 한국의 풍속 습관을 알아야 한다

한국인의 전통 사상은 중국 유교의 영향이 매우 커서 예절을 중시하고 충효인(忠孝仁)을 중요시한다. 많은 중국 전통문화가 한국에서 보존되고

참조	대한민국 행정구역

	특별시	광역시	특별자치시	도	특별자치도
광역 자치단체	서울특별시	부산광역시 인천광역시 대구광역시 대전광역시 광주광역시 울산광역시	세종특별자치시	경기도 강원도 충청북도 충청남도 전라북도 전라남도 경상북도 경상남도	제주특별자치도
기초 자치단체	자치시(특례시, 일반시, 도농복합시)			군	자치구
시구급	일반구		행정시		
읍면동급	읍		면		동
통리급	리		통		
반급	반				

자료 : 대한민국 행정안전부(2018.01.기준)

광역 자치단체명	면적(km²)	인구(명)	기초 자치단체
서울특별시	605.2	9,851,767	종로구·중구·용산구·성동구·광진구·동대문구·중랑구·성북구·강북구·도봉구·노원구·은평구·서대문구·마포구·양천구·강서구·구로구·금천구·영등포구·동작구·관악구·서초구·강남구·송파구·강동구 시청 소재지 중구
세종특별자치시	464.87	283,198	시청 소재지 보람동
부산광역시	769.89	3,467,055	자치구 중구·서구·동구·영도구·부산진구·동래구·남구·북구·강서구·해운대구·사하구·금정구·연제구·수영구·사상구 군 기장군 시청 소재지 연제구
인천광역시	1,062.6	2,950,771	자치구 중구·동구·남구·연수구·남동구·부평구·계양구·서구 군 강화군·옹진군 시청 소재지 남동구
대구광역시	883.57	2,474,309	자치구 중구·동구·서구·남구·북구·수성구·달서구 군 달성군 시청 소재지 중구
대전광역시	539.35	1,501,378	자치구 동구·중구·서구·유성구·대덕구 시청 소재지 서구
광주광역시	501.24	1,464,037	자치구 동구·서구·남구·북구·광산구 시청 소재지 서구
울산광역시	1,060.79	1,164,489	자치구 중구·남구·동구·북구 군 울주군 시청 소재지 남구

경기도	10,183.46	12,890,445	〈경기 남부〉 **일반구가 있는 자치시** 수원시(장안구·권선구·팔달구·영통구), 성남시(수정구·중원구·분당구), 안양시(만안구·동안구), 안산시(상록구·단원구), 용인시(처인구·기흥구·수지구) **자치시** 광명시·평택시·과천시·오산시·시흥시·군포시·의왕시·하남시·이천시·안성시·김포시·화성시·광주시·여주시·부천시 **군** 양평군 〈경기 북부〉 **일반구가 있는 자치시** 고양시(덕양구·일산동구·일산서구) **자치시** 의정부시·동두천시·구리시·남양주시·파주시·양주시·포천시 **군** 연천군·가평군 **도청 소재지** 수원시, 의정부시
강원도	16,875.03	1,548,078	**자치시** 춘천시·원주시·강릉시·동해시·태백시·속초시·삼척시 **군** 홍천군·횡성군·영월군·평창군·정선군·철원군·화천군·양구군·인제군·고성군·양양군 **도청 소재지** 춘천시
충청북도	7,407.29	1,593,903	**일반구가 있는 자치시** 청주시(상당구·서원구·흥덕구·청원구) **자치시** 충주시·제천시 **군** 보은군·옥천군·영동군·진천군·괴산군·음성군·단양군·증평군 **도청 소재지** 청주시
충청남도	8,226.14	2,117,685	**일반구가 있는 자치시** 천안시(동남구·서북구) **자치시** 공주시·보령시·아산시·서산시·논산시·계룡시·당진시 **군** 금산군·부여군·서천군·청양군·홍성군·예산군·태안군 **도청 소재지** 홍성군

전라북도	8,069.05	1,851,694	일반구가 있는 자치시 전주시(완산구·덕진구) 자치시 군산시·익산시·정읍시·남원시·김제시 군 완주군·진안군·무주군·장수군·임실군·순창군·고창군·부안군 도청 소재지 전주시
전라남도	12,318.79	1,893,444	자치시 목포시·여수시·순천시·나주시·광양시 군 담양군·곡성군·구례군·고흥군·보성군·화순군·장흥군·강진군·해남군·영암군·무안군·함평군·영광군·장성군·완도군·진도군·신안군 도청 소재지 무안군
경상북도	19,031.42	2,688,747	일반구가 있는 자치시 포항시(남구·북구) 자치시 경주시·김천시·안동시·구미시·영주시·영천시·상주시·문경시·경산시 군 군위군·의성군·청송군·영양군·영덕군·청도군·고령군·성주군·칠곡군·예천군·봉화군·울진군·울릉군 도청 소재지 안동시
경상남도	10,539.56	3,379,981	일반구가 있는 자치시 창원시(의창구·성산구·마산합포구·마산회원구·진해구) 자치시 진주시·통영시·사천시·김해시·밀양시·거제시·양산시 군 의령군·함안군·창녕군·고성군·남해군·하동군·산청군·함양군·거창군·합천군 도청 소재지 창원시
제주특별자치도	1,849.15	658,167	제주시·서귀포시 도청 소재지 제주시

이어져 왔다. 때문에 한국의 전통문화는 비록 중국과 많은 차이가 있지만 많은 유사성도 가지고 있다.

(1) 전통 명절

한국의 전통 명절에도 구정, 청명절, 단오절과 추석이 있다. 명절의 관념과 명절을 보내는 풍속은 비슷하지만 형식에서 다소간 차이가 있다. 중국 최대의 전통 명절은 구정이지만, 한국 최대의 전통 명절은 설날과 추석이다. 설날과 추석이 되면 가정마다 한자리에 모이고 그래서 한국도 중국 '설 대이동'과 같이 명절 대이동이 발생한다. 이 두 명절이 되면 외지의 자녀들은 부모 집으로 모이거나 혹은 부모가 자녀 집으로 간다.

춘절(음력 정월 초하루)은 한국에서 '설날(구정)'이라고 부른다. 가장 중요한 행사가 조상에 제사 지내는 것이다. 정월 초하루 아침에 조상의 생전 사진을 놓고, 차례상을 차리고, 가족들이 전통 복장을 입고 조상에게 절을 올리며 감은과 복을 기원하고, 차례가 끝나면 식구들이 함께 설음식을 먹는다. 한국의 설음식 중에서 가장 대표적인 것이 떡국이다. 떡국을 먹고 나면 아이들은 어른들에게 세배를 하고 어른들은 아이들에게 세뱃돈을 준다.

중추절(음력 8월 15일)을 한국에서는 '추석'이라고 한다. 한국인은 추석날 온 가족이 함께 모이는 것 외에도 더욱 중요한 행사가 조상에게 제사를 지내고 성묘를 하는 것이다. 중추절에 한국인은 송편을 먹는다.

단오절(음력 5월5일)에는 한국인은 전통 풍습에 따라서 '쑥떡'을 먹거나 어떤 집에서는 문 기둥에 붉은 부적을 붙여서 악을 쫓는 습관이 있다. 단옷날에는 많은 지방에서 다양한 단오 놀이를 조직한다. 씨름, 그네, 연 날리기, 투호(병 속에 화살 던져 넣기를 하여 진 쪽이 벌주를 마시는 놀이) 등등이 있다.

전통 명절 외에도 한국에는 '3.1절, 제헌절, 광복절, 개천절, 한글날' 등의 기념일이 있다.

(2) 혼례 · 장례 풍습

한국인의 결혼은 일반적으로 결혼식장에서 사회자의 주례로 식을 올린다. 남자는 양복 차림, 여자는 드레스를 입고 남녀가 결혼반지를 교환하고 쌍방 부모님과 하객들에게 인사를 하고 친척, 친구들과 함께 기념 촬영을 한다. 주례가 끝난 후 다시 한국 전통 혼례 습관에 따라서 전통 의식들을 진행하기도 한다. 일반적으로 혼례식이 끝난 후에 신혼부부는 외지나 해외로 신혼여행을 떠난다.

한국의 장례는 유교의 영향을 많이 받았다. 과거 장례식은 가정에서 이루어져 복잡하고 진행 시간이 길었으며 매장 풍습으로 인해 동원되는 사람도 많았다. 현재는 주로 장례식장을 이용하며 3일장 중심이고, 화장이 대세이다.

(3) 음식·복장 문화

한국인은 밥을 주식으로 하고 면은 보조식으로 한다. 하루 세끼 거의 모두 밥을 먹고 가끔씩 국수나 냉면 등을 먹는다. 식단이 서구화되면서 빵이나 시리얼 등으로 간단한 식사를 하기도 한다. 젊은 사람들은 아침 식사로 빵과 우유를 먹는 경우도 적지 않다. 한국인은 일반적으로 병환이 있을 때 죽을 먹는다.

전통의 한국 요리는 채식을 위주로 하고 육식은 비교적 적고 대부분 달고 맵지만 느끼하지는 않다. 김치는 한국인의 대표적인 요리이고 식탁에 반드시 오르는 밑반찬이다. 가을에 한국인은 많은 김치를 절여 두고 줄곧 봄까지 먹는데, 집집마다 김치를 저장하는 김치냉장고를 가지고 있다. 한국인은 식사에서 국을 즐기는데 사골탕, 삼계탕, 생선국 그리고 각양각색의 된장국 등이 있다. 이외에도 한국의 특색 요리로 불고기, 삼겹살, 야채 나물 등이 있다. 한국은 간식도 풍부하고 다양하며 김밥, 떡볶이, 순대, 찐빵, 만두, 각종 부침 등이 있다.

전통 한복 색상은 산뜻하고 스타일도 우아하다. 한국인은 일반적으로 혼례, 돌잔치, 환갑잔치 등 경삿날에 한복을 입고 설날과 추석에도 많은 사람들이 한복을 입는다.

(4) 한국인의 관념

한국은 거의 반 이상의 사람들이 종교인이다. 한국 사회에는 다양한 종교 단체가 있고 종교 단체 소속 학교, 병원 등 복리시설도 있다. 한국은 불교, 기독교, 천주교 등 3대 종교 외에도 천도교, 원불교, 대종교 등 전통 종교가 있다.

　교육을 중요시하는 것은 한국인의 또 한 가지 특징이다. 자녀 교육에 대한 간절함은 사람을 놀라게 한다. 부모는 아이들의 각종 교육을 위해서 전력을 다한다. 한국인은 학교 교육만으로는 충분하지 않다고 인식하며 학교 수업이 끝난 후에도 아이들은 각종 학원에 가서 계속 배운다. 아이들의 다양한 취미와 기능을 배양시키는 것 역시 아이들의 경쟁력을 키워 주는 방법이다. 학생들뿐만 아니라 회사의 직원들, 재직 중인 젊은이, 이미 정년 퇴직한 노인들까지 남녀노소 모두가 배우는 나라다. 새로운 지식과 기능을 배워서 자기의 능력과 소질을 향상시키고 경쟁력을 증강시키는 것이 한국인의 특징이다.

(5) 식습관 및 음주 문화의 차이점

　한국 사람이 쓰는 젓가락은 대개 쇠나 은으로 만든 것이지만, 중국은 대나무나 나무로 만든 것이 대부분이다. 한국 사람은 젓가락과 숟가락을 함께 사용하기 때문에 개인별로 젓가락과 숟가락을 각각 놓는다.

　한국 사람은 식사할 때 바닥에 상을 펴고 양반 다리를 한 채로 먹기 때문에 전통적인 방식을 고수하는 음식점에는 대부분 의자가 없다. 이는 한국을 처음 방문한 외국인에게는 상당한 불편함을 안겨 주는데, 식사 시 허리나 다리 통증을 호소하는 외국인들을 심심찮게 볼 수 있다. 그러나 요즘

사람들은 현대화된 생활 방식을 추구하는 경향이 짙어 테이블과 의자를 함께 세팅한 곳도 많다.

한국과 중국은 밥을 먹는 습관에서도 뚜렷한 차이가 있다. 한국에서는 밥그릇을 반드시 밥상 위에 올려 두어야 하지만, 중국인은 어릴 때부터 밥그릇을 들고 먹어야 한다고 교육을 받았다.

술자리 문화 역시 몇 가지 차이점이 있다. 첫째, 한국인은 자기 술잔에 술을 따라 마시지 않는다. 여러 사람이 서로의 술잔을 번갈아 가며 채워 주는 게 일반적이며, 보통은 아랫사람이 윗사람에게 술을 따라 준다. 둘째, 술을 마실 때는 부하 직원이나 아랫사람이 상사나 윗사람의 반대쪽으로 몸을 약간 돌려서 마시는데, 이는 상대에 대한 존경을 의미한다. 셋째, 한국인이 주로 마시는 '소주'는 도수가 그다지 높지 않아 술을 다 마시고 완전히 술잔을 비운 후에야 술을 채울 수 있다.

또한 한국인은 자신의 술잔을 상대방에게 건넨 후 술을 권하는데, 이는 친근감을 표하는 제스처이므로 당황하지 않도록 한다.

(6) 인사 예절의 차이점

한국인은 사람을 만나거나 헤어질 때 허리를 굽혀 인사를 하고 반면에 악수하는 경우는 그다지 많지 않다. 특히 이성 간에는 거의 악수를 하지 않는다. 악수를 할 때는 존경의 표시로 양손을 사용하거나 왼손으로 오른손을 받쳐 악수한다. 이밖에 물품을 건네주거나 받을 때도 양손이나 오른손을 사용해야 한다. 한국에서는 왼손으로 응대하는 것을 예의범절에 어굿난다고 여긴다.

또한 한국어에는 높임말과 예사말이 있어 상사나 윗사람에게는 반드시 높임말을 써야 한다. 그러므로 한국어를 배울 때 높임말과 예사말의 사용을 잘 구분해야 한다.

(7) 선물 문화의 차이점

한국인은 선물하는 걸 좋아하는 만큼 선물 문화를 중요하게 생각한다. 그렇지만 선물의 품목이 중국에 비해 그다지 까다롭지는 않다. 크든 작든, 비싸든 저렴하든 친구에게 선물할 수 있으며, 우산이나 시계 선물도 한국인은 고맙게 받는다.

다만 두 가지 물건은 선물하는 데 적합하지 않다. 하나는 건강을 해칠 수 있는 물건이다. 예컨대 중국은 고급 담배를 선물할 수 있지만 한국에서는 적절하지 않다. 한국인에게 담배를 선물하면 빨리 죽기를 바란다는 의미로 받아들일 수 있기 때문이다. 그래서 한국인은 서로에게 굳이 담배를 권하지 않는다. 또 다른 하나는 신발인데, 특히 남녀 간에 신발 선물은 하지 않는다. 이는 상대가 그 신발을 신고 도망갈 수 있다는 속설이 있기 때문이다. 이렇듯 담배와 신발을 제외하고는 어떤 선물이든 다 괜찮다.

(8) 색깔의 의미상 차이점

한국인은 예로부터 하얀색을 숭상하고 정결함과 평화의 상징으로 여겼다. 반면에 검은색은 죽음과 가깝게 여겨 장례식에 주로 사용된다. 한국인은 하얀색을 죽음과 결부시키지 않기에 축의금을 보낼 때에는 흰색 봉투를 사용한다. 이는 중국의 '홍바오(紅包, 빨간 봉투라는 뜻으로 세뱃돈, 보너스, 축의금 등을 보낼 때 사용)'와는 확실히 다르다는 걸 알 수 있다. 심지어 문 입구에 거는 글도 하얀 종이를 사용하는 곳이 많으니, 보고 놀라지 않도록 한다.

이밖에 한국에는 중국과 같은 '녹색 모자(綠帽子, 아내가 바람났다는 뜻, 바람난 아내를 둔 남편)'에 관한 유래가 없으므로, 한국에서 녹색 모자를 써도 비웃음을 사지 않는다.

3. 교사는 한중 교류의 역사와 현 상황을 알아야 한다

한중 양국은 1992년 8월 24일에 정식으로 수교하고 각 분야에서 우호적인 협력을 진행하여 이미 25여 년이 지났다. 한중 양국은 지리적으로 가까운 친근한 이웃이다. 문화 교류와 우호적인 상호 내왕은 유구한 역사를 자랑한다. 수교 이래 한중 고위층의 내왕이 빈번해지고 정치에서의 상호 신뢰는 증강되었다. 양국 간 경제 무역, 문화, 교육 등 각 영역에서의 교류와 협력이 부단히 증강되었고 쌍방간 연간 인원 내왕은 수백만 명에 달한다.

현재 중국은 이미 한국의 최대 무역 파트너가 되었으며 한국은 중국 내 제3대 외국 투자국이다. 양국의 경제 무역 협력이 신속하게 발전하고 쌍방 무역액은 지난 수년간 계속해서 큰 폭으로 상승하였다. 쌍방의 에너지,

환경 등 부분에서의 협력 프로젝트는 부단히 증가하였다. 쌍방 투자액은 모두 역사적으로 최고 기록에 달했으며, 또한 머지않아 양국은 호혜 호리의 한중FTA(자유무역협정)를 가동할 것으로 보여 한중 양국의 경제 무역 협력은 지속적으로 발전할 것이다.

한중 문화, 교육 등 분야의 교류도 역사상 전례 없는 성황을 이루었다. 쌍방 간 영화, 음악, 서예, 문학, 예술 등 부분에서의 교류가 갈수록 빈번해지고 있으며, 중국에서 많은 젊은이들이 한국의 영화, 드라마, 음악, 패션 등 유행 오락 문화의 팬이 되고 있으며, 한국에서의 중국 전통문화는 양호하게 보전·전승되고 유교 사상이 한국 문자, 서예, 동양화 등에도 큰 영향을 끼쳤다. 양국 간 교류 발전과 함께 양국 문화의 상호 영향도 갈수록 깊어지고 있다. 한중 양국은 이미 상호 간 최대 유학생 내원국이다. 양국은 모두 수만 명의 유학생들이 상대국에서 언어와 문자를 배우고 있다. 많은 한국인들은 중국에서 유학한 후 중국에 계속 남아 직업을 선택하기도 한다. 그들은 중국에서 상업으로 성공하거나 혹은 한중 합자 기업에서 중요 직위를 맡게 될 것이다. 마찬가지로 한국에서 취업하는 중국 유학생도 날로 늘어날 것이다.

교사는 이런 한중 교류의 발전을 이해하고 주시해야 하며, 자신의 교수 활동과 교류 활동을 통하여 양국의 우호 발전을 위해 기여해야 한다.

제2언어 습득 이론과 교수 방법

제대로 알아보는 국제 중국어 교사 자격

제1절

제2언어 습득 이론

중국어를 배우는 한국 학생들에게 중국어는 그들의 제2언어이다. 때문에 교사는 제2언어 습득 이론의 주요 연구 영역, 기본 개념, 기본 이론과 가설 등에 정통해야 하며 교육 실천에 응용해야 한다.

1. 교사는 제2언어 습득의 주요 연구 영역과 각 영역의 연구 현황에 정통해야 한다

제2언어 습득은 응용언어학의 중요한 하나의 학과로, 주로 사람들이 제2언어를 배우는 과정과 결과를 연구하며 그 목적은 언어 학습자의 언어능력과 교제 능력에 대하여 객관적인 묘사와 학과 해석을 진행하는 것이다. 현재의 공감대에 의하면 제2언어 습득 연구의 이론 구조는 주로 다음과 같은 4개 연구 영역으로 나뉜다.

⑴ 제2언어 학습자 언어 특징 연구는 오류 분석, 습득 순서와 발전 과정 연구, 언어 변이성 연구, 언어의 어용(語用) 특징 연구를 포괄한다.

(2) 학습자 외부 요소 연구는 사회 환경 연구, 언어 수입과 연동 연구를 포괄한다.

(3) 학습자 내부 습득 기제 연구는 모국어 전이 연구, 인지 과정 연구, 교제 전략 연구, 언어 보편성 연구를 포괄한다.

(4) 제2언어 학습자 연구는 일반적으로 개체 차이 요소 연구, 학습자 전략의 연구를 포괄한다.

한국 학생이 모든 중국어 학습 집단 중에서 매우 많은 비중을 차지하는 상황에서 최근 몇 해 동안 한국 학생의 중국어 습득에 대한 연구도 갈수록 많아지고 있다. 현재 연구에서 성과가 가장 많은 분야가 영역 (1) 중의 오류 분석과 영역 (3) 중의 모국어 전이 연구이며, 이 두 개는 긴밀한 연관이 있다. 현재 한국 학생들의 학습에서의 가장 어려운 점은 발음, 어휘, 어법 등을 포괄한 각 부분 모두 다소 관련이 되어 있다. 본 장의 제2, 3, 4절에서 모두 이에 대해 구체적인 설명을 할 것이다. 영역 (1) 중의 습득 순서와 발전 과정 연구도 이미 많은 성과가 있으며, 예를 들면 부사 '都', 형용사보어, 중국어 비교문, '把'자문 등의 습득 과정의 연구이다. 그러나 기타 부분의 연구는 극히 적고 어떤 것은 심지어 아직도 공백 상태이다. 발견하기 어려운, 그래서 아직 손을 대지 않은 연구 영역도 많은데 모두가 기타 학과의 지지가 필요하다. 때문에 중국어 교사는 언어학의 관련 연구를 이해해야 하는 것 외에도 제2언어 습득과 관련 있는 기타 학과(예를 들면 교육학, 심리학, 신경정신학, 사회학, 다국문화교제학 등)의 발전 정황을 많이 이해해야 한다.

2. 교사는 제2언어 교수와 제1언어 교수의 습득과 학습의 다름을 알아 야 한다

　현재 한국에서 중국어를 가르치는 교사 중에서 일부는 중국에서 원래 중국어 교육을 해 오던 교사들인데, 그들은 원래의 중국어과 교육 표준 방식을 그대로 중국어 교육에 쓰기가 쉽다. 알아야 할 것은 제2언어 교수는 제1언어 교수와 다르다는 것이다. 그 근본 목적은 학습자의 언어 능력과 목적어를 사용해서 교제를 진행하는 능력을 배양하는 데 있다. 그래서 한국 학생들에게 중국어를 가르치는 것은 교제 기능을 배양하는 데 중점을 두어야 하고 지식 전달을 중점으로 해서는 안 된다.

　다수 사람들은 성인이 제2언어를 배울 때 주로 의식적인 학습에 의한다고 생각한다. 그러나 크라센(Stephen D. Krashen)은 "성인의 경우 습득과 학습, 이 두 개의 서로 다른 방식을 통해서 제2언어 능력을 발전시켜야 한다"고 지적했다. 이른바 습득이란 언어를 사용해서 자연 교제를 하는 것을 통하여 잠재의식의 언어 지식을 얻는 것을 말하며, 학습은 교실 수업 환경에서 언어 규칙에 대해서 의식적인 학습을 진행하는 것을 가리킨다.

　인지심리학에서 이 두 개의 구별은 드러나지 않는 학습과 드러나는 학습의 구분이 제2언어 습득 영역의 체현이라는 것이다. 일부 학자들은 이 두 개가 이어져 있어서 구별이 있지만 또 상호 협동적이기도 하다고 인정한다. 때문에 교육과정에 교사는 습관적으로 언어 지식을 주입해서는 안되고 언어 환경을 충분히 이용해야 하며, 교실 수업 학습과 자연 습득이 서로 결합되는 교육체계를 만들어야 한다. 특히 한국과 같이 중국어 환경이 결핍된 상황에서 교사는 반드시 효과적인 자연 습득 환경을 많이 조직해야 한다. 예를 들면 '중국어 동아리'를 만들고 중국 유학생을 초청해서 교류 활동을 하고 영화, 인터넷 등의 수단을 이용해서 학생들로 하여금 중국의 분위기를 느끼도록 하는 것 등이 있다.

3. 교사는 중개어 이론에 정통해야 하며 이를 기초로 오류 분석과 모국 어 전이를 적극 이용하도록 해야 한다

중개어는 제2언어 학습자가 학습 과정에 목적어의 규율에 대해 부정확한 귀납과 추론을 하면서 발생하는 하나의 언어 계통이다. 이 언어 계통은 학습자의 모국어와는 다르고 학습자가 배우는 목적어와도 다르다. 또한 그것은 고정불변한 것이 아니며 학습의 진전에 따라 목적어의 정확한 방향으로 점차적으로 접근하게 된다.

중개어와 목적어 규율 간의 차이, 즉 '오류'인데 오류는 규율이 있는 것으로 '착오'와 다르다. '착오'는 정확하게 이미 알고 있는 언어 계통이 없어서 발생된 것이면서 규율도 없으며 우연하게 발생된 것이다. 때문에 교사는 중국어와 한국어의 차이와 동일성에 대한 분석을 통해서 학생들에게서 발생할 수 있는 오류를 예측해 낼 수 있고 또 오류에 대한 분석을 통해서 그 발생의 원인을 해석할 수도 있다.

중개어 발생의 원인은 여러 부분으로부터 온다. 그중에는,

(1) 모국어의 부정 전이

(2) 불완전한 목적어 지식의 방해

(3) 본 민족 혹은 타민족 문화 요소의 방해

(4) 학습 방식과 태도의 영향

(5) 교사 혹은 교재 중의 부정확한 해석

이 중에서도 한국 학생들에 대해서 말하면 한국어의 발음, 한국어 중의 한자어, 한국어의 주어, 목적어, 술어의 어순은 모두 부정 전이를 초래할 수 있다.

만약 교사가 한국어가 중국어 학습에 대해서 발생하는 영향을 충분하게 이해하고 동시에 긍정 전이의 일면도 적극 이용해 부정 전이로부터의 방해를 감소시키면, 많은 오류의 발생을 예방할 수 있고 학생들이 최단의 시간 내에 중국어의 중개어 체계에 접근하도록 할 수 있을 것이라는 것은 의심의 여지가 없다.

4. 교사는 가설 이론 주입법을 파악하고, 그 기초에서 학생들에 대해서 합리적 교육을 진행해야 한다

(1) 가설 주입

(2) 습득/학습 가설

(3) 감독 제어 가설

(4) 자연 순서 가설

(5) 정감 여과 가설

그중 (1)은 인류가 이해할 수 있는 정보를 입력 흡수를 통해서 언어 지식을 획득하는 것이다. 입력된 정보의 어려움은 마땅히 'i+1'이고 그중 'i'는 학습자 현재의 언어 수준을 나타내고 'i+1'은 학습자가 다음 단계에 당연히 도달해야 할 수준이다. (2)는 습득과 학습(상세한 것은 2절을 참고한다)을 구별했다. 크라센은 학습을 통해서 얻은 언어가 습득 언어로 전환될 수 없다고 인정했다. (3)은 학습을 통해 획득한 언어 지식은 두뇌에서 언어를 감독 제어하는 작용을 일으킨다고 인정한다. (4)는 언어 규칙에 대한 습득에는 예측할 수 있는 공동 순서가 있다고 인정한다. (5)는 학습자가 학습 동력이 결핍되고 컨디션이 좋지 않을 때 정감 여과를 일으키게 되어서 언어 정보로 하여금 흡수될 방법이 없다고 인정한다.

입력 가설인 이 이론을 충분히 이해한 기초 위에서 교사는 교육 실천 중에서 마땅히 난이도가 적당한 입력 정보를 의식적으로 선택해야 하고 합리적인 입력 순서를 분석하고 채용해야 하며, 학생들의 적극성을 충분히 동원하는 전제하에서 학생들이 되도록 효율적으로 입력한 정보를 학습할 수 있도록 해야 한다.

5. 교사는 제2언어 학습에 영향을 주는 학습자의 요소와 학습 전략이 학습 과정에서 중요하게 작용함을 알아야 한다

그 어떤 교수 활동도 모두 '가르침'의 일면과 '배움'의 일면이 있다. 제2언어 교수도 예외가 아니다. '배움'에 대응해서 연구하는 것 중에서 학습자 요소 연구는 매우 중요한 하나의 부분이다. 엘리스(Ellis, 1994)의 관점에 근거하면 학습자 요소는 다음의 영역을 포괄한다.

(1) 학습자의 언어 학습에 대한 견해
(2) 학습자의 개체 차이, 학습자의 감정 상태, 예를 들면 초조
(3) 일반 개체 차이 요소 : 학습자의 연령, 성별, 언어 학습 능력, 학습 풍격, 학습 동기, 학습자의 성격 등

교사는 마땅히 학습자 요소 관련 연구를 알고 참고해야 하며, 학습자가 제2언어 학습 중 장점을 습득하고 단점을 피하도록 격려하고 지도하며, 학습자의 특징에 따라 그에 맞는 교육을 해야 한다.

'공부 전략 연구'도 '공부'에 초점을 맞춘 연구 중 매우 중요한 한 부분이다. 공부 전략은 학습자가 정보의 획득, 저장, 추출, 이용과 진행을 촉진하기 위한 조작을 가리킨다. 그에 대한 연구는 배움 전략의 분류, 전략 선택 영향 요소, 공부 전략과 언어 학습 결과 간의 관계, 학습자가 배움 전략을 사용하는 것을 훈련하는 것 등 몇 개의 부분을 주요하게 포괄한다.

공부 전략 분류는 옥스포드(Oxford, 1990)에 근거하여 다음과 같이 정리

할 수 있다.

직접 전략 (언어 학습의 전략을 직접적으로 처리한다.)	기억 전략 : 기억을 사용해서 새로운 정보를 복습한다.
	인지 전략 : 언어 이해와 발생에 이용한다.
	보상 전략 : 학습자로 하여금 새로운 언어 지식이 제한된 상황에서 새로운 언어를 운용할 수 있도록 한다.
간접 전략 (학습에 대해서 관리의 전략을 진행한다.)	원(元)인지 전략 : 학습 활동과 인지 가공 과정을 협조한다.
	감정 전략 : 정서를 관리하고 규범화한다.
	사교 전략 : 다른 사람과의 협력 학습을 관리한다.

이 분류 시스템의 기초 위에서, 옥스포드는 하나의 공부 전략 설문지-언어 학습 전략 데이터(SILL)를 만들어 냈고, 아울러 이미 비교적 유행하는 측량 언어 학습 전략의 표준화 데이터를 만들었다. 또한 쟝신(江新), 쪼궈(赵果, 2011)는 이 기초 위에서 중국어 학습 전략 데이터를 만들었고, '한자권' 국가 학생과 '비한자권' 국가 학생들의 중국어 학습 시 체득한 배움 전략에 대해서 비교 분석을 진행하였다.

전략 선택의 요소에 영향을 끼치는 것은 주요하게 학습자 개인 요소와 사회 요소 등 두 개의 큰 종류가 있고, 전자는 전면에서 제기한 학습자 요소와 같고 후자는 과정 설계 요소와 교사 요소 등과 같다.

학습 전략과 언어 학습 결과 사이에는 서로 영향을 끼치는 관계가 존재하는데, 한편으로는 학습자가 채용하는 학습 전략은 제2언어를 배우는 속도와 성적에 영향을 끼칠 것이며, 또 한편으로는 학습자의 학습 결과는 반대로 그 전략 행위에 영향을 끼칠 것이라는 것이다.

학습자가 학습 전략을 사용하는 것을 훈련하는 것이란 교사가 의식적으로 학생들에게 학습 전략을 지도하고 또한 그들이 어떤 전략을 사용해서 학습 효과를 향상시키도록 하는 것을 말한다.

교사는 각종 학습 전략 그리고 전략 선택에 영향을 끼치는 각 요소들을 이해해야 하고 상관 이론을 운용할 수 있어야 하며, 학생들이 성공 혹은 실패한 학습 전략을 분석해야 한다. 또한 교육 실천 중에서 의식적으로 학생들이 효과적인 학습 전략을 선택하도록 훈련하고 그들이 자신의 학습 방법을 개진하도록 도와야 한다.

제2절

교수 방법과 기교

　지식을 체계적이고 효율적으로 학생들에게 전수하고 또한 학생들이 연습을 효과적으로 조직하게 하기 위해서 중국어 교사는 반드시 국제 중국어 교육 방법과 교육 기교를 숙지해야 한다. 언어 교수의 전 과정은 4개의 큰 부분으로 구성된다. 즉 총체 설계, 교재 편찬 혹은 선택, 교실 수업, 성적 측정 시험이다. 각 부분은 모두 다른 교육법과 관련된다.

　총체적 설계는 구체적인 교육 활동에 진입하기 전에 전면적인 분석을 통해서 최고로 좋은 교육 방안을 선택하고 확정하는 과정이며, 설계된 결과는 서류의 형식으로서 완성되는데 그것이 바로 학습 지도안이다.

　중국어 교사는 학습 지도안의 설계와 편찬을 독립적으로 완성할 수 있어야 한다. 일반적으로 말하면 표준적인 국제 중국어 학습 지도안은 교육 대상, 교육 목표, 교육 내용, 교육 중점과 난점, 교육 절차 등의 부분을 포괄한다. 학습 지도안에는 교사의 교실 수업에 대한 전체적인 계획이 포함되어야 한다.

　교재의 편찬 혹은 선택은 전체 학과목의 진도와 효과에 큰 영향을 끼친다. 교사는 마땅히 교재의 편찬 이념, 어법 중점의 편찬 배열 순서, 본문 언어 그리고 수업 후 연습 등 전반적인 측면으로부터 교재에 대한 객관적이고 전면적인 분석을 진행할 수 있어야 하며 또한 학생들의 학습 목적, 학습 능력과 현재 수준 등 각 정황들을 종합적으로 판단하고 선택할 수 있어야 한다.

교실 수업은 전체 교육 활동의 핵심이고 서로 다른 수업 형태, 다른 교육 내용, 다른 학생, 다른 교사, 다른 교실 교육법들이 있다. "교육에는 확정된 법칙이 있기도 하고 없기도 하다"라고 말할 수 있다. 각 교사는 교육 방법 부분에서 학생들의 수준과 상황에 따라 자신의 특징을 결합하여 교육 방법 부분에서 탐구해야 할 뿐만 아니라 교육 내용을 보다 생동감 있는 방식으로써 학생들에게 전달할 수 있어야 한다. 학생들로 하여금 강의를 쉽게 이해하고 연습할 수 있도록 하며 동시에 중국어와 중국에 대해 강한 흥미가 생기도록 해야 한다.

성적 측정은 전반적인 교육 활동의 마지막 부분이며 전체 교육 활동에서 중요한 추진 작용을 일으킨다. 한국에서 특히 대학에서 학생들은 성적을 중시한다. 때문에 중국어 교육에 종사하는 교사들이 시험 측정을 잘 운용하면 학생들의 학습 적극성을 효과적으로 이끌어 낼 수 있고 중국어 학습의 동력으로 삼을 수 있다. 시험 측정은 단지 학생의 학습 태도와 학습 효과만을 고찰하는 것으로 되어서는 안 되고 의식적인 통과 시험의 측정이어야 하며, 학생들이 특정 부분에서 더욱 많은 노력을 기울일 수 있도록 인도할 수 있어야 한다. 예를 들면 학생이 습관적으로 읽고 쓰는 데에만 몰두하고 오히려 듣고 말하는 연습을 소홀히 하면 시험 측정 중에서 구술 시험의 비중을 더욱 높여 학생들이 구어 연습을 하는 데에 노력과 시간을 많이 투자하도록 인도해야 한다. 만약 학생들이 중국어의 어순에 대해서 힘들어 한다면 시험 측정에서 서술 배열 등의 유형을 많이 운용하여 학생들이 평상시의 학습에서 어순과 배열 등에 주의하도록 지도해야 한다.

상술한 4개의 절차 중에서 교실 교육의 절차는 가장 중요하고 또 가장 많은 교수 방법과 기교를 구체적으로 실행해야 할 부분이다. 아래에는 다른 학과 형태에 따라 교사가 마땅히 숙지해야 할 기본 교수법에 대해 구체적으로 설명한다.

1. 회화 수업

회화 수업은 가장 광범위하게 개설하는 과목이며, 수업에서 학생들과 교사 사이나 학생과 학생 사이에 서로 영향을 많이 주고 수업 분위기를 가장 생기 있게 하는 수업이다. 그밖에 학생들이 교실 수업에서 배운 표현 방법을 곧바로 사용해 중국인과 교류할 수 있어 실용성이 강하여 학생들의 학습 적극성도 비교적 높다.

이런 두 가지 점으로 볼 때 회화 교육은 결코 어렵지 않다. 하지만 만약 회화가 학생들의 열정을 유효하게 이끌어 내지 못해 학생들이 수업에서 입을 많이 열지 못하고, 회화 수업에서의 교사와 학생 간에 주객이 전도되어 교사가 교실 수업의 주인이 되어 홀로 떠들어 댄다면, 회화 수업은 정독과 심지어 어법 과목으로 변하고 학생들의 회화 수준을 향상시키는 소기의 교육 목적은 이루어질 수가 없을 것이다.

회화 수업에서 학생들이 입을 열어서 말하도록 하는 많은 방법이 있다.

예를 들면 문답법 같은 방법이다. 문답은 선생님께서 물음을 제기하여 전체 학생이 대답할 수 있으며, 또한 학생들 간에 문답을 할 수 있고 또 학생 A가 묻고 학생 B가 대답할 수 있으며, 다시 학생 B가 묻고 학생 C가 대답할 수 있다. 이렇게 해서 모든 학생들이 모두 발언의 기회를 가지게 한다. 문답의 내용은 실제 상황에 근거하여 설정할 수 있으며, 또 그림을 보면서 문답할 수도 있고 연상식 문답 혹은 조사식 문답 등 다양한 방법이 있다. 교육 내용에 근거해서 적합한 문답 형식을 선택해야 한다.

예를 들면 조동사 '会'를 배울 때 교사는 사전에 하나의 조사 설문지를 준비한다. 그 내용은 '你会说汉语吗?' '你会游泳吗?' '你会抽烟吗?' '你会做中国菜吗?' 등으로 할 수 있다. 학생들로 하여금 자유롭게 조를 편성해서 상술한 문제에 따라 조사를 진행하고 조사 결과를 표에 기재하도록 한다.

또한 재미있는 문제들을 설계할 수 있다. 예를 들면 "你会左手画圆, 右手画三角吗?"라는 문제를 제기하고 학생들이 교실에서 만들어 보게 하여 아주 생동감 있는 수업 분위기를 만들어 낼 수 있다. 이런 방법으로 다시 숙제를 내 주어서 학생들로 하여금 수업에서 조사한 결과에 근거하여 간단하게 조사 보고를 쓰게 한다면, 말로 쓰는 것으로 확장을 실현할 수 있다.

문답법 외에도 정황 연기, 주제 토론, 나의 경험 말하기, 주제 강연, 변론, 오락 등은 모두 학생들로 하여금 입을 열어서 말하게 하는 효과적인 방법들이다.

2. 듣기 수업

　듣기 수업의 주요 임무는 듣기 기능 훈련이다. 그러나 만약 교사가 단순하게 녹음을 틀거나 원본을 읽는 것을 학생들이 듣는 방법으로만 한다면 학생들은 수업이 매우 무미건조하여 재미가 없고 학습 흥미도 잃을 것이며, 학생들의 중국어에 대한 믿음과 학습 효과에도 영향을 끼칠 것이다. 때문에 듣기 수업에서는 학생들의 주의력을 이끌어 내야 한다. 그러자면 내용이 재미있는 것, 학생이 흥미를 느끼는 원본을 선택해야 하고 수업에서 광고, 영화의 일부 등을 삽입할 수 있다. 그밖에 다양한 형식을 이용하여야 하며, 특히 듣기와 말하기를 결합시키고 학생들의 많은 감각기관을 동원하여야만이 학생들이 수업에서 졸거나 하는 현상이 없게 된다. 예를 들면 본문을 듣기 전에 먼저 학생들에게 문제를 제기하여 학생들로 하여금 호기심을 가지고 듣게끔 하거나 혹은 문답의 형식을 사용해서 녹음 내용의 배경을 알리거나 학생들로 하여금 듣게 될 내용에 대해서 어느 정도의 예상을 하게 하는 것이다.

　듣고 난 후에는 먼저 제기된 문제 외에도 본문의 내용에 근거하여 토론을 진행할 수 있다. 또한 학생들이 듣기 전에 먼저 문제를 보고 그에 따라 자기가 무엇을 듣게 될 것인가를 추측하게 할 수도 있다. 만약 본문이 회화라면 두 명의 학생이 한 조가 되어서 대화로 엮어보도록 하며, 들은 후에 다시 자기가 전에 추측한 것과 어떻게 다른지를 비교해 보도록 한다. 이렇게 하면 학생들이 녹음을 들을 때 정신을 집중하게 될 것이고 듣기를 어렵지 않게 여기거나 두서없이 허둥대지도 않을 것이다.

3. 작문 수업

　작문은 주로 문장을 쓰고 글을 쓰는 두 단계로 나눈다. 문장을 쓰는 것은 일반적으로 어법과 어휘에 관련이 되지만 글을 쓰는 것은 보다 복잡하고 보다 많은 격식과 문장 구성의 배치 등을 고려해야 하며, 묘사와 단락 간의 논리적 관계 등 작문의 기교도 포함된다. 현 단계에서 한국 학생의 중국어 작문은 짧은 문장이든 긴 문장이든 가장 중요한 문제는 언어에 있다.

　다시 말해 쓴 문장의 어법이 부정확하거나 혹은 어휘가 잘 배합되지 않는다. 그래서 한국 학생의 작문 과목에서 특히 중급 수준의 작문은 어법 오류의 교정과 분석을 무시할 수가 없다. 고급 중국어 작문에서도 학생들이 잘못된 문장을 쓰는 확률이 좀 감소되기는 하지만 무엇을 썼는지 아리송한 문장을 자주 보게 된다.

　이로부터 작문 읽기와 토론을 결합해야 하는 필요성을 느끼게 된다. 학생들이 먼저 주제 토론을 하도록 하고 그런 다음 자신의 관점을 쓰도록 한다. 이외에도 학생들이 중국어를 사용해서 실용적인 작문을 하도록 격려할 수 있다. 예를 들면 담임선생님 혹은 기타 중국 친구에게 편지를 쓰거나 인터넷에 초대장을 보내는 등 학생들이 중국어 작문에 대한 흥미를 이끌어 낼 수 있다.

제3절

한국인의 중국어 학습에서의 발음 오류와 관련하여 교육을 진행한다

발음의 정확도는 학습자가 중국말을 하는 데 있어서 기본이며 학습자가 계속 배우려는 의지에 아주 큰 영향을 준다. 또한 발음이 일단 고정되면 교정하기 어렵고 성인은 더욱 그렇다. 때문에 발음을 배우는 단계에서 중국어 교사는 반드시 한국인들에게서 자주 발견되는 발음 오류를 숙지시키고 발음 교육에서 중점을 파악해 발음의 정확도를 향상시키도록 엄격하게 지도해야 한다.

한국인에게 중국어 발음을 가르칠 때는 한국어의 발음 체계를 이해해야 한다. 한국어 자음, 모음의 발음과 중국어 병음 문자의 성모, 운모의 발음에는 상당한 차이가 있다. 어떤 음은 같고 어떤 음은 유사하지만 서로 달라서 쉽게 혼동하며 어떤 음의 규칙은 완전히 다르다. 이러한 요소들을 잘 숙지해야만 발음 교육에서 경중의 구별을 할 수 있고 적은 노력으로 큰 효과를 얻을 수 있다.

그러므로 교사는 한국인들이 중국어 발음을 배울 때 자주 나타나는 발음 오류들을 숙지해야만 한다.

1. 중국어 21개 성모 중 b, p, m, d, t, n, g, k에서 이 8개 음은 한국어의 자음 'ㅂ, ㅍ, ㅁ, ㄷ, ㅌ, ㄴ, ㄱ, ㅋ'과 서로 비슷하다. 그래서 한국의 중국어 학습자들이 발음을 하는 데 기본적으로 문제가 없다. 그러나 zh, ch, sh 이 3개의 성모는 한국어 중에 비슷한 음이 없어서 한국인들에게는 생소하고 정확하게 발음하기 힘들어 하며 발음할 때 권설 혹은 분리 발음의 착오를 쉽게 범한다. 또 r, l, z, c, s, h 이 6개의 음은 한국어 발음과 서로 비슷하지만 오히려 명확하게 다르며 한국인들이 모국어의 'ㄹ'로 중국어의 'r' 혹은 'l'로 항상 대체 사용하고 'ㅎ'을 사용해서 'h'를 대체하고 'ㅈ, ㅊ, ㅅ'을 사용해서 중국어 "z, c, s'를 대체하며 오차가 생긴다.

또한 'j, q, x' 3개의 설면전음도 상당히 많은 사람들이 설첨음(舌尖音)으로 발음하게 된다.

2. 단운모(單韻母) 발음에도 혼동 현상이 있다. 영어의 발음과 서로 혼동하거나 혹은 한국어 발음과도 서로 혼동을 한다. 예를 들면 중국어의 단운모 'e'는 한국인들이 자주 영어의 [E]로 발음을 하며 또 중국어 'ü'는 한국인 90% 이상이 [y]와 [i] 복합음으로 발음한다.

한국어 중에는 후향복합원음(모음)만이 있고 전향복합원음과 중향복합원음은 없다. 그래서 한국인이 후향복합원음을 배울 때는 문제가 없으나, 후향복합원음과 중향복합원음을 배우기 전에는 복합원음 단원음화, 삼합원음 이합원음화의 착오를 초래하는 경우가 있다.

복운모(復韻母) 'iou', 'uei', 'uen' 3개의 운모 앞에 성모를 합하고 'iu', 'ui', 'un'로 줄여 쓴 후 거의 모든 한국인들이 초보자일 경우 모두 [iu], [ui],

[un]로 발음하게 될 것이다. 예를 들면 '酒[tɕiu]', '水[ʂui]', '婚[xun]'은 교정하기 어려운 점이 있다.

3. 성조(聲調)는 한국인이 중국어를 배울 때 어려워 하고 두려워 하는 점이라고 해야 할 것이다. 많은 사람들이 성조가 어려워 중국어를 감히 배우지 못한다고 한다. 이것은 한국어 중에는 성조가 없고 성조도 분명한 고저 곡직의 변화가 없기 때문에 한국인은 중국어 성조 억양과 휴지 곡절의 발음 습관에 적응하기 매우 힘들어 한다. 1성에서 높이 요구에 오르지 않고, 2성의 끝소리가 제 위치에 이르지 않고, 3성에서 표준만큼 내려오지 못하고, 4성(거성)은 완전히 늦추어 주지 못한다.

4. 중국어의 성조는 실체의 연구뿐만 아니라 국제 중국어 교육 연구에서도 미진한 부분이다. 그래서 한국인이 배우려면 생소하고 어떻게 배워야 할지를 모르는 경우도 있다. 교사가 구체적으로 지도하지 않으면 중음, 끊어 읽기 착오 등의 현상이 나타나게 된다. 더욱이 문장의 감정 표현에 대해서는 말할 필요가 없다.

한국에서 중국어 교육에 종사하는 교사라면 상술한 한국인의 발음 오류를 이해하고 숙지하여야 하며 학생들에게 가장 빠른 시간 내에 중국어 발음 습관에 적응할 수 있도록 돕고 학생들이 정확하게 중국어 발음을 할 수 있도록 지도할 수 있는 능력이 있어야 하며, 한국인에게 적합한 각종 효과적인 교육 수단에 정통해야 한다.

제4절

한국인의 중국어 학습에서의 어휘 오류와 관련하여 교육을 진행한다

중국어 어휘에 정통해야 하는 것은 중국어 학습 전 과정의 기초이며 또한 각 단계에서 필수적인 학습 내용이다. 중국어 교사는 반드시 학생들의 중국어 수준과 학생들이 이미 숙지하고 있는 어휘 수량에 정통해야 한다. 어휘 교육에서 이미 알거나 혹은 아직 알지 못하거나 관계없이 문장 중에서 추측하기 혹은 유의어, 반의어 등 각종 교육 방법을 이용하여 학생들이 신속하고 정확하게 비교적 많은 단어를 숙지할 수 있도록 인도해야 한다.

한국의 어휘 교육에서 교사들은 한국어 어휘의 구조와 특징을 이해하고 한국인에게서 자주 발견되는 어휘 오류를 이해해야만 어휘 교육의 중점을 파악하기가 편할 수 있다. 한국어 어휘는 고유어와 한자어, 두 개의 큰 부분으로 구성되며 그중에서 고유어는 구어로 사용하고 한자어는 서면어로 많이 사용한다.

한자어를 서면어로 사용하기 때문에 한국인은 글자를 보면 뜻을 이해하고 배우지 못한 것도 뜻을 추측할 수 있다. 이는 중국어 어휘 교육에서 보자면 든든한 기초여서 상당수의 단어는 한중 대조 번역이 될 수 있으며 학생들에게 조금만 설명해도 이해할 수 있어 교사의 불필요한 설명을 덜 수가 있다. 하지만 한자어와 중국어에서 어떤 것은 형의(形义)가 모두 같고, 어떤 것은 형은 같으나 뜻은 다르며, 어떤 것은 뜻은 같으나 형이 다르고, 어떤 것은 형과 뜻이 모두 다르다. 이는 학습자에게 부정적인 영향을 준다. 한자어는 구어 중에서 비교적 자주 발견되는 오류이다.

예를 들면,

(1) 寒假我要求职。

(2) 我突然测悟了。

(3) 她穿的衣服都很陈旧。

(4) 他不珍爱别人。

(5) 妈妈对送孩子去外国留学茫然的幻想。

(6) 国民不堪重负的税务。

(7) 我一定给予学生自信。

중국어 교사는 한국인의 회화 문장에서 자주 발견되는 어휘 오류가 뜻의 모호함, 품사의 부정확한 오류, 단어의 부적절한 배치, 어체의 부적절함 등에서 발생된다는 것을 알아야 한다. 아래에 몇 개 실례를 들어 보기로 한다.

1. 단어의 뜻이 모호한 오류

(1) 我希望我们国家将来当(成为)更成熟的国家。

(2) 一下飞机，我马上感觉到了上海国际化的味儿(氛围)。

(3) 我们必须通过选拔赛才拥有(有)资格参加演出。

(4) 通过这次暑假我又亲身让自己懂得了这些教训(道理)。

(5) 我不理解(了解)那件事的经过。

(6) 应该晚年的性格变成更敏捷(活泼)。

2. 품사가 부정확한 오류

(1) 但那天的事情使我对此想法无比的怀疑。

(2) 我常常在明亮不够的地方看书。

(3) 一到周末就我带着家人旅游全国的青山绿水和名胜古迹。

(4) 我一听就吓得冷战了。

(5) 回国后才我知道母亲对邻居得意了那件事。

3. 단어의 부적절한 배합 오류

(1) 在西安我受了很深的印象。

(2) 我跟她的连接更为紧密了。

(3) 接到礼物后她就发动了驱蚊剂。

(4) 我没有迟疑同意了他的提案。

(5) 她有很强的魅力。

(6) 外下着很多的雨。

4. 어체가 부당한 오류

(1) 这惹起日益突出的社会难题。

(2) 汽车开得迟缓。

(3) 我们都为他的人生惆怅。

(4) 手机没有发生故障。

(5) 他似乎没听懂空姐说的话。

(6) 他把我的电话号码遗忘了。

(7) 我的房间又玲珑又干净。

이외에 성어를 배울 때에도 잘못된 전이 현상이 나타난다. 한국어에도 많은 사자성어가 있다. 한자의 성어와 비교하여 어떤 것은 구조와 의미가 완전히 같으며, 어떤 것은 구조는 다르지만 의미는 같으며, 어떤 것은 구조는 같으나 의미가 다른 것들이 있다. 그래서 중국어를 배우는 한국인들에게 편리와 어려움을 동시에 가져다 준다. 예를 들면 '주마관화(走

马观花)'가 한국어는 '주마간산(走馬看山)', '고진첨래(苦尽甜来)'는 한국어로 '고진감래(苦尽甘来)'이며, '현처양모(贤妻良母)'의 한국어는 '현모양처(贤母良妻)', '학립계군(鹤立鸡群)'의 한국어는 '군계일학(群鸡一鹤)' 등이다.

　한국인에게 중국어 성어를 가르칠 때에 한국어 성어의 구조를 이해하고 상응한 비교를 한 후에 한국 학생들에게 성어를 가르친다면, 그들이 보다 쉽게 배우고 성어로 작문하는 데에도 큰 어려움이 없도록 할 수 있을 것이다.

제5절

한국인의 중국어 학습에서의 어법 오류와 관련하여 교육을 진행한다

중국어는 고립어이고 한국어는 교착어이며, 두 언어의 발음 수단은 서로 다르다. 한국인에게 중국어 어법을 강의하기 위해서는 반드시 한국인에게서 자주 발견되는 어법 오류를 이해해야만 비로소 어법 교육을 중점적으로 할 수가 있다. 문장 중 단어 간의 관계는 중국어에서는 주로 문장에서의 단어 순서를 이용하고 한국어의 규칙은 접미사를 조사에 붙이는 방식을 이용한다.

물론 중국어에도 개사, 접속사, 조사 등의 단어 관계를 드러내 보이는 허사가 있고 또한 한국어 중에서 그와 대응하는 조사를 찾을 수가 있지만 아주 제한적이다. 한국인이 중국어를 배울 때 모국어 어법 유형의 제약을 받는다. 그래서 중국어 문장 중에서 단어 관계를 표시하는 허사가 한국어의 조사와 대응하는 것을 찾아내는 것으로 단어 간의 관계를 확실하게 이해하려 한다.

이 과정에 중국어 주요 어법 수단인 어순을 무시하는 경우가 있다. 이것은 한국인으로 하여금 중국어 어법을 배울 때 어순 부분의 오류, 허사 사용의 오류가 나타나도록 한다. 만약 중국어 교사의 적절한 교정이 없다면 이러한 오류들은 한국 학습자가 어법을 배우는 전 과정에서 나타나게 될 것이다. 중국어 교사가 상술한 사실들을 이해하지 못한다면 한국인들에게 중국어 어법을 전하는 과정에 중점을 잡을 수도 합당한 방법을 찾을 수도 없어 교육 효과에 영향을 주게 될 것이다.

한국인이 자주 범하는 어법 오류는 아래 몇 개의 유형으로 나눌 수 있다.

1. 어순 오류

(1) 동목(동사, 목적어) 위치 착오

먼저 부딪치는 어순 오류는 동사와 목적어의 위치 착오이다. 중국어의 목적어는 동사의 뒤에 오지만 한국어의 목적어는 동사의 앞에 온다. 이것은 한국인들이 중국어를 배울 때 목적어를 동사의 앞쪽에 두는 오류를 범하게 한다.

예를 들면,

1) 다음주 우리들은 이 문제를 다시 토론하도록 하자.

下星期我们这个问题再讨论吧

2) 나는 그곳의 상황을 좀 이해할 수 있다.

我能那儿的情况了解一点儿。

3) 나는 그 번호를 기억하지 못했고, 그래서 계속 기다렸다.

　我那个号码没记住了，所以继续等了。

(2) 주술(주어, 술어) 위치 착오

중국어와 한국어의 주술 순서는 같다. 그러나 자동사가 술어가 되고 혹은 좀 더 복잡한 문장을 만나면 적지 않은 사람들이 주어를 동사 뒤쪽에 둔다.

　예를 들면,

1) 경기가 끝난 후, 우리들은 모두 그를 포용했다.

　结束比赛后，我们都拥抱了他。

2) 부산국제영화 축제 개막식을 시작했다.

　开始了釜山国际电影联欢节开幕式。

3) 한자 신문, 잡지, 서적 등의 매체를 사용했다.

　都用了汉字报刊，杂志，书籍等的媒体。

(3) 부사 위치 착오

부사 위치 착오도 자주 발견되는 어순 오류이다. 한국인들은 자주 부사를 명사 혹은 대명사 앞에 쓴다.

　예를 들면,

1) 이제서야 모두들 알게 되었다.

   这才也大家明白了。

2) 비행기에서 내리자 우리들은 집으로 돌아갔다.

   一下飞机，就我们回家了。

3) 오직 그 일만이 아름다운 기억이 되어서, 그래서 난 영원히 잊을 수 없다.

   只有那件事变得美好的记忆，所以永远我不能忘。

이밖에 시간명사, 개사단어, 수량보어 등도 모두 위치 착오가 발생할 수 있다.

2. 시태(時態) 오류

어법 체계상으로 보자면 한국어에는 전문적으로 시태(시간 상태)를 나타내는 어법 범주가 있는데 중국어는 없다. 비록 '了', '着', '过' 등 시태조사가 있지만 글이나 그 용법이 복잡하고 쉽게 혼동되고 습득하기 어렵다. 그래서 한국인은 '了'를 사용할 때 오류율이 비교적 높으며 특히 과거 시간의 현상을 서술할 때 지나치게 '了'를 사용하여 오류를 발생시킨다. 그래서 "那时候我很孤独了。" "我不知道了那件事。" "你没告诉我了。" "那时候我的经济情况急剧不好了。" 등과 같이 잘못된 문장을 볼 수가 있다.

이밖에도 한국의 중국어 학습자는 현재 진행형을 나타낼 때, 반드시 '着'을 쓰는 것으로 잘못 생각하고 과도하게 사용하여 오류를 발생시키는 경우가 있다.

예를 들면,

1) 우리들이 한창 수업 중인데 갑자기 핸드폰 소리가 크게 들렸다.

我们正在上课着，突然听见了手机声音很大。

2) 내가 전화를 걸 때 그는 목욕을 하고 있었다.

我打电话的时，他洗澡着

3) 나는 배가 계속 아파 약을 먹어도 소용이 없었다.

我的肚子继续疼着，吃药也没有用了。

4) 형이 길을 묻고 있을 때 난 『여행지침』을 보았다.

哥哥打听着的时候我看了『旅游指南』。

3. 보어 오류

보어는 한국인이 중국어 어법을 학습할 때 당면하는 또 하나의 어려운 부분이다. 한국어는 동사 앞에 부사어가 수식어로 온다. 그래서 중국어의 술어 전후에 수식어가 붙는 현상을 받아들이기 어렵고 이해하지 못하며, 작문에서 난감해 할 때가 있다. 결과보어와 방향보어는 받아들이기가 그래도 용이하지만, 많은 양의 결과보어 단어와 방향보어에 대한 확장 용법은 골치 아파한다. 가장 어려운 것은 부사어와 보어를 구분하는 것이다. 동사를 수식하는 단어를 앞에 놓아야 할지 아니면 뒤쪽에 놓아야 좋을지를 모른다. 그래서 상황보어와 가능보어는 항상 맹점이 되고 감히 사용하지 못한다.

오류 예문은 아래와 같다.

1) 她干净地把孩子们的衣服洗了。

2) 他每次读文件得很认真。

3) 今天他说高高兴兴了。

4) 就是这雨把泰山藏得彻底。

5) 因为他已经长大了，变了太自私的。

6) 我已经把那儿的情况了解得清楚了。

7) 学了这么长时间，见了中国人，还是说得不出来。

8) 如果你没背得完，就老师不通过。

4. 개사 오류

한국어의 조사로 말하면 중국어에서 상응한 허사를 찾을 수 있다. 즉 개사가 그 확률이 높을 것이다. 한국의 중국어 학습자가 범하는 오류는 주로 '빠뜨림'과 '위치 착오'이다. 우선 중점적으로 '在'와 '把'와 관련된 잘못된 문장을 예를 들어 설명하면 아래와 같다.

(1) '在'와 관련된 잘못된 문장

명사 앞에 부당하게 사용할 때 나타나는 '在'와 관계되는 사용 착오이다. 예를 들면,

1) 서울대학은 한국에서 가장 좋은 대학이다.

   首尔大学是在韩国最好的大学。

2) 강원도에는 많은 눈이 내렸다.

   在江原道下了很大的雪。

3) 이때 도로에는 차량 한 대가 빠르게 지나갔다.

   这时候在路上飞快地开过去一辆车。

4) 그는 어제 또 지각했다.

   他在昨天又迟到了。

5) 이곳의 날씨는 우리 그곳보다 춥다.

   在这儿的天气比我们那儿冷。

6) 남경에는 많은 명승고적이 있다.

   在南京有许多名胜古迹。

'누락'으로 발생되는 잘못된 문장이 있다. 예를 들면,

1) 난 경주에서 중학교를 다닐 때 그를 알았다.

　我庆州上中学念书的时候认识了他。

2) 현재 그는 비행장에서 손님을 기다린다.

　现在他飞机场等客人。

3) 우리들은 항상 그 찻집에서 문제를 토론했다.

　我们经常那家茶馆讨论了问题。

4) 그는 회사 업무를 아주 진지하고 책임감 있게 한다.

　他公司里工作很认真负责。

(2) '把'와 관련된 잘못된 문장

　한국인은 '把'자구에 대해서 비교적 흥미가 있고 사용 빈도도 높다. 이것은 '把'가 목적어를 동사 앞으로 끌어오기 때문이고, 목적어는 반드시 동사 앞에 오는 모국어 패턴에 부합되기 때문이다. 그러나 '把'자구에 대한 특징과 용법을 정확하게 이해하지 못하기 때문에 '把'자를 함부로 사용하는 오류가 나타나게 된다. 오류 유형에는 술어가 자동사, 이합동사, 심리동사, 형용사 등 목적어가 오지 못하는 단어를 사용했기 때문에 만들어진 오류 문장이다.

　예를 들면,

1) 난 옷을 더럽혔다.

　我把衣服脏了。

2) 본문을 이해했다.

把课文明白了。

3) 난 엄마를 화나게 했다.

我把妈妈生气了。

4) 그녀를 마음 아프게 해서 난 아주 송구스러웠다.

是我把她伤心了，我很惭愧。

5) 선물은 사람의 관계를 돈독하게 한다.

礼物是把人们的关系敦厚。

6) 그 일은 많은 사람을 총명하게 했다.

那件事把很多人聪明起来了。

7) 의사는 그를 구했다.

医生把他救命了。

또한 술어동사를 단독으로 사용함으로써 조성된 잘못된 문장들이 있다. 예를 들면,

1) 우리는 문제를 토론했다.

我们把问题讨论了。

2) 일요일에 나는 방을 정리했다.

星期日我把房间收拾。

3) 그는 그 사진을 컴퓨터에서 편집했다.

他把那些照片在电脑编辑。

4) 너의 몸을 음악에 따라 움직여라.

  把你的身体随着音乐流动。

5) 우리는 반드시 이번 대회를 잘 준비해야 한다.

  我们一定要把这次大会好好准备。

문장 순서 전도(위치 착오)로 '把'자의 위치가 잘못된 문장이 있다. 예를 들면,

1) 너는 어째서 숙제를 아직 끝내지 않았니?

  你怎么把作业还不做完?

2) 너는 먼저 메일을 보내지 말아라.

  你先把邮件别发吧。

3) 그들은 여권을 마땅히 대사관에 두어야만 한다.

  他们把护照应该放在大使馆里。

4) 만약 통지서를 받을 수 있다면 좋을 텐데.

  如果把通知书可能接到就好了。

5) 너는 비행기 표를 이미 그에게 주었니?

  你把飞机票已经给他了吗?

5. 이합사(離合詞) 오류

이합사 뒤에 목적어가 오는 것도 역시 자주 발견되는 오류이다. '대학을 졸업하다', '그를 돕다', '일을 그만두다', '어깨를 다치다', '친구를 만나다', '그와 인사하다'("毕业大学", "帮忙他", "辞职工作", "受伤肩膀", "见面朋友", "打招呼他") 등은 모두 흔히 볼 수 있는 잘못된 현상이다.

한국의 중국어 교육은 지난 오랜 기간 동안 읽기 이해와 어법을 위주로 하고, 수준 측정의 중점도 역시 어법으로 하여 학생들로 하여금 외국어 학습에서 어법을 중시하는 심리와 습관이 형성되었다. 회화 수업뿐만 아니라 정독 수업, 작문 수업에서 한국인은 모두 진지하게 어법 공부를 하고 어법 부분의 많은 문제를 제기한다.

교사는 한국인의 이러한 심리를 이해하고 아울러 자주 발견되는 어법 오류에 정통해야 하며, 수업 전에 맞춤식의 수업을 준비해야 한다. 그래야만 학생들의 질문에 제때 명확하게 대답할 수 있으며 교실 교육의 효율을 높이고 또한 학생들의 교사에 대한 신뢰도를 증진시킬 수 있게 되어 튼튼한 학습의 기초를 닦을 수 있다.